U0514882

国家社会科学基金重大委托项目资助出版

国家社会科学基金重大委托项目

"蒙古族源与元朝帝陵综合研究"（批准号12@ZH014）
学术成果编辑委员会

总 顾 问 陈奎元

学术顾问（以姓氏笔画为序）

陈高华 徐光冀 曹永年

主 编 王 巍 孟松林

副 主 编 刘国祥 白劲松

编 委（以姓氏笔画为序）

王大方 王志浩 乌 兰

邓 聪 田广林 史家珍

白丽民 朱 泓 刘正寅

齐木德道尔吉 齐东方 安泳锝

孙英民 孙金松 李玉君

李存信 李延祥 李艳洁

李德锋 何天明 汪立珍

沈睿文 张久和 张国春

陈永志 陈星灿 陈桂婷

林梅村 杭 侃 周 慧

周力平 宝音德力根 赵志军

哈 达 袁 靖 夏正楷

倪润安 徐昭峰 殷焕良

曹建恩 常 海 梁 云

塔 拉 朝 克 魏 坚

呼伦贝尔民族文物考古大系

HULUNBUIR ETHNIC CULTURAL RELICS AND ARCHAEOLOGY SERIES

新巴尔虎右旗卷

XIN BARAG RIGHT BANNER

主 编

中国社会科学院考古研究所
中国社会科学院蒙古族源研究中心
内蒙古自治区文物局
内蒙古蒙古族源博物馆
北京大学考古文博学院
呼伦贝尔民族博物院
内蒙古师范大学历史文化学院
辽宁师范大学历史文化旅游学院
THE INSTITUTE OF ARCHAEOLOGY,CHINESE ACADEMY OF SOCIAL SCIENCES
MONGOLIAN ORIGIN RESEARCH CENTER,CHINESE ACADEMY OF SOCIAL SCIENCES
THE INNER MONGOLIA AUTONOMOUS REGION BUREAU OF CULTURAL RELICS
MONGOLIAN ORIGIN MUSEUM OF INNER MONGOLIA AUTONOMOUS REGION
SCHOOL OF ARCHAEOLOGY AND MUSEOLOGY,PEKING UNIVERSITY
HULUNBUIR NATIONAL MUSEUM
SCHOOL OF HISTORY AND CULTURE, INNER MONGOLIA NORMAL UNIVERSITY
SCHOOL OF HISTORY,CULTURE AND TOURISM,LIAONING NORMAL UNIVERSITY

编辑委员会

名誉主任　陈奎元
主　　任　王　巍　孟松林
副 主 任　安泳锝　塔　拉
主　　编　王　巍　孟松林
执行主编　刘国祥　白劲松　沈睿文
副 主 编　徐昭峰　袁　刚　哈　达
委　　员（以姓氏笔画为序）
　　　　　于　永　王大方　王海城　邓　聪　田广林　朱　泓　刘歆益
　　　　　齐东方　孙金松　李艳洁　李德锋　张久和　张广然　张自成
　　　　　张国春　陈永志　陈星灿　杭　侃　赵　辉　赵志军　党　郁
　　　　　倪润安　徐学琳　殷焕良　曹建恩

《新巴尔虎右旗卷》工作组

组　　长　刘国祥　白劲松
副 组 长　袁　刚　王　珏　徐学琳　吴玉明

成　　员（以姓氏笔画为序）
　　　　　于昊申　马　健　马魁生　王　可　王　苹　王东风　王凯凯
　　　　　石婷婷　龙成宸　田风东　白志强　白满达　邝漫华　冯世昌
　　　　　伊　桑　刘　方　刘旭东　刘江涛　孙　冰　孙蒙蒙　苏德夫
　　　　　李云鹏　谷　雨　宋　朝　宋岩金　张　冰　张　乾　张　颖
　　　　　张克成　张思琦　陈海玲　卓　霓　呼德尔　赵艳芳　钟馥鸾
　　　　　娜仁其其格　姜天华　贺逸云　栗媛秋　钱　进　徐瑷琳　高洪才
　　　　　郭芷彤　郭美玲　崔红庆　隋亚娜

呼伦贝尔民族文物考古大系

HULUNBUIR ETHNIC CULTURAL RELICS AND ARCHAEOLOGY SERIES

新巴尔虎右旗卷

XIN BARAG RIGHT BANNER

主　编

中国社会科学院考古研究所　　内蒙古自治区文物局

中国社会科学院蒙古族源研究中心

内蒙古蒙古族源博物馆

北京大学考古文博学院

呼伦贝尔民族博物院

文物出版社

CULTURAL RELICS PRESS

祭祀宝格德乌拉山（苏德夫摄）
Sacrificing to the Baogede-Ula Mountain (photographed by Sodhuu)

目 录 CONTENTS

序言

蒙古民族是一个伟大的民族，具有悠久的历史和独具特色的文化。13世纪初，蒙古人在漠北高原崛起。1206年秋，成吉思汗及其子孙率领的蒙古铁骑几乎横扫整个欧亚大陆，在世界史上开创了一个蒙古时代，影响了欧亚大陆的政治文化格局。但是，蒙古民族也给中国史、世界史的研究留下了诸多未解的难题。其早期发展史，也因史料甚少、记载不详且考古资料零散，从而制约了相关研究的深入。

在蒙古民族形成之前，蒙古高原先后出现过东胡、匈奴、乌桓、鲜卑、柔然、契丹、室韦等部族。关于蒙古民族的起源有多种传说和假说，至今尚无准确定论。蒙古民族是在哪里兴起的？是如何形成和发展起来的？其文化经历了怎样的发展变化？何以一跃成为横跨欧亚大陆的蒙古大帝国？蒙古民族在历史上发挥了怎样的作用？这些问题是困扰中国史乃至世界史研究的重要课题。关于元朝历代帝王陵寝的地理方位与建制等问题，不仅是一道举世瞩目的世界性千古谜题，其研究的空白，也是当代中国考古学、历史学、民族学等诸多学科领域的一个巨大学术缺憾。

2012年8月，经中央常委批示，"蒙古族源与元朝帝陵综合研究"作为"国家社会科学基金重大委托项目"正式立项，为期10年。田野考古调查和发掘工作主要集中在呼伦贝尔地区展开，要求推出具有国际影响力的学术成果，为维护国家统一、民族团结与文化安全服务。

呼伦贝尔地域辽阔，河流众多，森林茂密，水草丰美。我国著名历史学家翦伯赞先生在《内蒙访古》中曾经写道："呼伦贝尔不仅在现在是内蒙的一个最好的牧区，自古以来就是一个最好的草原。这个草原一直是游牧民族的历史摇篮。""假如呼伦贝尔草原在中国历史上是一个闹市，那么大兴安岭则是中国历史上的一个幽静的后院。"

呼伦贝尔历史文化资源丰富，田野考古成果显著。经过考古工作者多年不懈的努力，在大兴安岭林区、呼伦贝尔草原及呼伦湖周围取得了一系列的重要考古发现，譬如相当于青铜时代晚期至铁器时代早期的石板墓、两汉时期的鲜卑墓、辽代契丹族的文化遗存以及蒙元时期的城址等。特别是1998年由中国社会科学院考古研究所与呼伦贝尔民族博物院联合发掘的海拉尔区谢尔塔拉墓地，发现了一批9~10世纪的游牧民族的墓葬，有盖无底的葬具形制十分独特，出土的弓、箭、矛、马鞍和马衔等随葬品，具有浓郁的草原游牧民族文化特征。体质人类学的研究结果表明，谢尔塔拉人群在颅、面类型上与现代蒙古族最接近，基本上属于蒙古人种北亚类型。谢尔塔拉墓地的发现，为研究蒙古人在松漠之间的崛起，提供了首批经过科学考古发掘的实证资料，深受国内外学术界的关注，成为在呼伦贝尔地区研究蒙古族起源的重要基点。

当今世界学术发展的一个趋势是多学科的有机结合和相互渗透，通过方法论体系的创新，取得具有前沿性的学术成果。我们要在以往田野考古工作的基础上，紧紧围绕项目主题，通过周密规划，开展富有成效的田野考古调查、发掘及文化遗产保护工作，获取与蒙古族源相关的新的考古实证资料，科学构建蒙古史前史的框架，推动中国蒙古学的发展，开创国际蒙古学研究的新局面。

《呼伦贝尔民族文物考古大系》（10卷）作为"蒙古族源与元朝帝陵综合研究"项目中的重要子课题之一，将系统展示呼伦贝尔地区的民族文物考古成果，从文化遗产的角度揭示包括蒙古族在内的森林草原民族的生产、生活面貌和精神世界，为学术研究奠定基础，同时能够起到宣传与普及森林草原民族历史文化知识的作用，丰富和深化对中华民族多元一体格局的理论认识，在新的历史时期，必将有助于促进国家统一、边疆稳定和民族团结。

众所周知，蒙古族的形成与发展、蒙古族的历史与文化的研究是一个世界性的课题。我们真诚地希望全世界研究蒙古民族历史与文化的学者加强交流与合作，共同促进相关研究的深入，共同承担复原蒙古民族历史的任务，把蒙古民族与其他民族共同创造的历史画卷，越来越清晰地展现在世人面前！

中国考古学会理事长
中国社会科学院学部委员、考古研究所原所长、研究员　王　巍
项目首席专家

内蒙古蒙古族源博物馆原馆长
呼伦贝尔民族历史文化研究院院长　孟松林
项目首席专家

PREFACE

As a great ethnic group, Mongolian has a long history and unique culture. Mongolian rose up in the north of the Gobi desert at the beginning of the 13th century. Most of the Eurasia had been conquered by the strong cavalry led by Genghis Khan and his descendants since the autumn of 1206. The Mongolian times was inaugurated in the world history, and political and cultural structures of the Eurasia were affected. However, Mongolian had left many unsolved problems to us. Mongolian's early development is unclear because of the lack of historical documents and archaeological data, which limits further development of the related research.

Before the formation of the Mongolian, there were a number of ethnic groups successively living in the Mongolian Plateau, such as Donghu, Xiongnu, Wuhuan, Xianbei, Rouran, Qidan and Shiwei.There are many legends about the origin of Mongolian. Lots of hypotheses have been proposed, but no one is the final conclusion. Where did Mongolian rise up? How had it formed and developed? What kind of cultural changes has it experienced? Why did it establish a great Mongol empire in Eurasian steppe in a short time? What part did it play in the history? These issues are important in the research of Chinese history as well as world history. Also, the location and institution of the imperial mausoleums in Yuan Dynasty are globally concerned mysteries in the researches of archaeology, history and ethnology.

As a special entrusting project of NSSFC(The National Social Science Fund of China), the project of Synthetic Research of Mongolian Origin and Imperial Mausoleums in Yuan Dynasty was approved by Central Politburo Standing Committee of CPC in Aug. 2012. This is a major 10-year project. Most of the excavation and investigation have been done in the Hulunbuir area. Academic achievements with international influence have been demanded in order to serve national unification, ethnic unity, and cultural safety.

Hulunbuir is an expansive area consisting of rivers, forests and grasslands. As the descriptions in the book *Historical Visit in Inner Mongolia* written by the famous historian Jian Bozan, "Hulunbuir not only is the best pasture in Inner Mongolia, but also has always been the cradle of the nomadic peoples. If Hulunbuir grassland is a noisy city in Chinese history, the Greater Khingan Mountains will be a quiet backyard."

Hulunbuir is rich in historical and cultural resources and archaeological findings. Many important sites have been discovered in forest region of the Greater Khingan Mountains by diligent archaeologists, such as slab tombs dated to a period between the late Bronze Age and the early Iron Age, Xianbei tombs of Han Dynasty, Qidan remains of Liao Dynasty, and city ruins in the Mengyuan period. For example, the Sirtala cemetery of nomadic people dated to the 9th to 10th century was excavated by the Institute of Archaeology, CASS and Hulunbuir National Museum in 1988 in Hailar District. The burials are characterized with bottomless wooden coffins. The funerary objects present strong nomadic style, such as bows, arrows, spears, saddles and gag bits. The study of physical anthropology showed that skeletons of Sirtala cemetery were closest in skull and face to modern Mongolian and basically belonged to Northern Asia Mongoloids. The discovery of Sirtala cemetery provided the first archaeological evidence for the research on rising of Mongolian in the grassland, which attracted attentions internationally and became an important base in the research of the origin of Mongolian in Hulunbuir area.

The multi-disciplinary study has become a trend for the development of science, which can contribute to academic achievements by making innovations in methodology. According to the theme of the project, archaeological excavations and investigations, and cultural heritage protection will be carried out in order to achieve new archaeological data on the origin of Mongolian, so that prehistory of Mongolian should be clearer, and Mongolian study in China will be promoted, and hopefully a situation of Mongolian study in the world will emerge.

As an important part of the project of Synthetic Research of Mongolian Origin and Imperial Mausoleums in Yuan Dynasty, These books, *Hulunbuir Ethnic Cultural Relics and Archaeology Series* (totally 10 volumes), will show all the achievements about ethnic cultural relics and archaeological study in Hulunbuir area to reveal the life and spiritual world of the peoples in forest and grassland including Mongolian from the perspective of cultural heritage. The books not only lay the academic foundations, but also contribute to popularizing the culture of peoples in forest and grassland, and deepen the theory that there is diversity in unity of the Chinese nation. This will contribute to the national unification, ethnic unity, and stability in border areas.

As we all know, the formation, development, history and culture of Mongolian are worldwide topics. We sincerely hope that all the scholars in the world who are interested in these topics will work together in order to restore the history of Mongolian and explore the contribution of the Mongolian to the human history.

Director of the Archaeological Society of China
Member of Academic Committee of CASS; Former Director of the Institute of Archaeology; Researcher **Wang Wei**
Prime expert of the project

Former Director of the Mongolian Origin Museum of Inner Mongolia Autonomous Region
Director of the Institute of National History and Culture of Hulunbuir **Meng Songlin**
Prime expert of the project

新巴尔虎右旗民族文物考古概述

刘国祥 白劲松 徐昭峰 袁刚

新巴尔虎右旗（简称"新右旗"，亦称"西旗"）位于呼伦贝尔市西端，是内蒙古自治区19个边境旗（市）和23个牧业旗之一，地理坐标为北纬47°36′～49°50′，东经115°31′～117°43′，地处中纬度地区，其分布地域是呼伦贝尔草原的重要组成部分。旗境南北最长245公里，东西最宽168.34公里，东与新巴尔虎左旗以乌尔逊河为界，西、南毗邻蒙古国，北与俄罗斯接壤。边界线总长515.4公里，其中中蒙边界长467.4公里，中俄边界长48公里。全旗总面积25194平方公里，旗党政机关驻地为阿拉坦额莫勒镇，东距海拉尔区约330公里，东北距全国最大的陆路口岸城市满洲里约118公里。

新巴尔虎右旗地处大兴安岭与蒙古高原的过渡地带，属中温带半干旱大陆性草原气候，四季分明。春季干旱，有大风，气温回升快；夏季较短，炎热，降水集中；秋季早霜，气温急降；冬季寒冷，漫长。年平均气温1.6℃，年平均降水量243.9毫米。全旗总体地势西北高、东南低，地貌单元属于呼伦贝尔断裂下陷盆地，山脉走向和河流流向基本与地质构造线一致，山脉多呈西北—东南走向，呼伦湖和克鲁伦河沿断裂带线发育。克鲁伦河北岸、呼伦湖西岸属低山丘陵地带，海拔约为650～1000米，最高处是海拔1011米的巴彦乌拉山，最低处是海拔504米的阿拉善查干诺尔一带。境内水资源丰富，河湖密布，均属额尔古纳河水系，主要有注入呼伦湖的克鲁伦河以及连接呼伦湖与贝尔湖的乌尔逊河。呼伦湖是全国第五大淡水湖，水域面积约2339平方公里，其中新巴尔虎右旗境内水域面积约2210平方公里，约占总水域面积的94.5%。贝尔湖是中蒙两国共有湖泊，水域面积约608.78平方公里，湖西北部约40.26平方公里为中国所有，约占总水域面积的6.61%。全旗草原面积约22375平方公里，草场辽阔，地势平坦，牧草品种多样，是天然的优质牧场。

考古发现与相关研究成果表明，约1万多年前的"扎赉诺尔人"曾在此栖居。成田关洞穴遗址、杭乌拉遗址、查干诺尔遗址的发现，表明新石器时代亦有先民在该区域活动。进入历史时期，今新巴尔虎右旗处于"东胡及其后裔历史民族区"[1]北部，是东胡北支及其后裔诸民族的主要活动地域之一[2]。据《山海经·海内西经》："东胡在大泽东，夷人在东胡东。""大泽"即呼伦湖。可见早在战国时期，已有部分东胡人在呼伦湖周边活动。

公元前3世纪，匈奴击破东胡后，控制了东胡占据的呼伦贝尔地区和西拉木伦河、老哈河流域。匈奴将所属地域划分为左、中、右三部，封王置官，诸王及各部贵族各有辖地。包括新巴尔虎右旗一带在内的呼伦贝尔地区属匈奴左部，是左贤王等左方王将的游牧区。汉武帝元狩四年（前119年），汉军击败匈奴单于及左贤王所统率的部众后，单于庭远迁漠北，匈奴左地亦丧失殆尽，其势力退出呼伦贝尔草原。公元前1世纪前后，拓跋鲜卑由大兴安岭北段的大鲜卑山（以今内蒙古自治区呼伦贝尔市鄂伦春自治旗阿里河镇西北约10公里处的嘎仙洞为中心）一带迁徙至呼伦湖周边活动。拓跋鲜卑后来辗转迁徙至阴山一带，占据"匈奴故地"，进而入主中原，建立北魏王朝。南北朝后期至隋代，呼伦贝尔地区的游牧、狩猎民族一度役属于突厥。唐代，俱轮泊（今呼伦湖）周边是原蒙古人——室韦-达怛人的主要活动地域，中原王朝曾在呼伦贝尔地区置室韦都督府实施羁縻统治。

辽、金、元、明四朝，新巴尔虎右旗行政归属屡有变迁。辽代属乌古敌烈统军司（胪朐河统军司）管辖。金代属东北路招讨司，是蒙古弘吉剌等部的游牧地。13世纪初，元太祖重新划分蒙古各部贵族的封地，徙弘吉剌部封地于今锡林郭勒盟南部及赤峰市西北部一带，将弘吉剌部原有大部分领地分封给长弟哈撒儿和幼弟斡赤斤，部分分封给庶弟别勒古台。元代属岭北行省管辖。1368年，朱元璋建立明朝，元朝势力退出中原，继续与明朝对峙，史称"北元"。明朝初年，北元昭宗爱猷识理达腊将汗庭徙至呼伦贝尔草原驻牧。1388年，爱猷识理达腊死，脱古思帖木儿即位，改元天元。洪武二十一年（1388年），明将蓝玉率军在捕鱼儿海（今贝尔湖）一带击破北元军队，脱古思帖木儿部落离散，被别部首领也速迭儿所杀，故元势力从此一蹶不振。永乐三年（1405年）至四年（1406年），明朝在包括今新巴尔虎右旗等地在内的呼伦贝尔地区设立海喇儿千户所、坚河卫、哈剌哈千户所等以蒙古部落为主体的羁縻卫所。正德五年（1510年），答言罕重新统一蒙古各部，并建六万户（左、右两翼各三万户）分封诸子，左翼三万户之一的哈剌哈万户驻牧呼伦贝尔地区哈拉哈河流域。

清朝初年，原来在呼伦贝尔地区迁徙游牧的蒙古阿鲁科尔沁、四子部落、茂明安、乌喇特等部归附清廷后，皆向南迁入新的牧地，此前散居其西北和北部的巴尔虎、达呼尔、索伦等部则在沙俄势力的侵逼下迁入该区域。

[1] 历史上，"从昭乌达松漠到额尔古纳河流域，是以东胡人和他们的后裔——鲜卑人、后来的契丹人、室韦-达怛人为主体的语言相同或相近，地域相连，风俗习惯也相似的各个部落的居住地"，是为"东胡及其后裔历史民族区"。详见亦邻真《中国古代北方民族与蒙古族族源》，《内蒙古大学学报》（哲学社会科学版）1979年第Z2期。

[2] 根据所处地域的差异，东胡人可划分为南北两支。其中，东胡北支的主要活动地域在呼伦湖、额尔古纳河以东地区至嫩江流域，东胡南支的主要活动地域则在西拉木伦河、老哈河及以南地区。两者虽然地域不同，却存在着语言和风俗习惯相同相近等特点。参阅张久和《东胡系各族综观》，《内蒙古大学学报》（哲学社会科学版）1990年第2期。

雍正十二年（1734年），清廷以喀尔喀蒙古车臣汗所属巴尔虎部壮丁2400人编为新巴尔虎八旗，分左、右两翼各四旗，每旗下辖5佐，共40佐。为区别雍正十年（1732年）从大兴安岭以东布特哈地区迁入并编入索伦左、右两翼八旗的巴尔虎部蒙古人，遂称新移入者为"新巴尔虎"，先前移入者为"陈巴尔虎"。新巴尔虎右翼四旗驻牧呼伦湖和乌尔逊河以西、贝尔湖北岸、克鲁伦河下游一带，其地与今新巴尔虎右旗辖境基本相当。数百年来，巴尔虎部蒙古族人一直在此生活，并与汉族及其他各兄弟民族在不断交往交流交融中一起书写中华民族的历史篇章，共同建设赖以生存和发展的美丽家园。

新巴尔虎右旗历史悠久，文化底蕴深厚。该旗境内迄今已发现古文化遗址61处，其中有49处是第三次全国文物普查期间新发现的。2018年6～7月，"蒙古族源与元朝帝陵综合研究"项目办公室组织开展了对克鲁伦河流域、乌尔逊河流域、呼伦湖周边地区、贝尔湖周边地区、宝格达山、金界壕沿线等重点地域的田野考古调查工作，共调查分属不同时代的遗址46处，其中有12处遗址及金界壕沿线的5座边堡系新发现。在新巴尔虎右旗境内，有国家级文物保护单位1处、自治区级文物保护单位5处。

新巴尔虎右旗境内发现有新石器时代遗址4处，分别是成田关洞穴遗址、杭乌拉遗址、查干诺尔遗址、老河口遗址。

成田关洞穴遗址位于阿拉坦额莫勒镇西南约5.3公里处，洞口呈半圆形，直径约1.5米，进深约3.8米，洞内堆积厚约0.7米，洞内面积约10平方米，洞穴附近散布有夹砂陶片、石核、石叶、刮削器、玛瑙珠饰等遗物。杭乌拉遗址位于克尔伦苏木莫日斯格办事处东北约20公里的芒来嘎查，面积约2.5万平方米，是一处新石器时代遗址，地表采集到石核、石叶、石镞、刮削器、砍砸器、石斧等遗物。查干诺尔遗址位于克尔伦苏木莫日斯格办事处西约6.5公里的乃日木德勒嘎查，面积约1.8万平方米，地表散布有石核、石叶、刮削器、磨制石镞等遗物。老河口遗址位于新巴尔虎右旗阿拉坦额莫勒镇东庙嘎查东约2公里处，克鲁伦河汇入呼伦湖的岸边，面积约1万平方米。地表采集到素面夹砂陶片、石核、石片、石叶、刮削器、钻孔石饰等遗物。

青铜时代至早期铁器时代，石板墓作为一种独特的墓葬形制在蒙古高原及外贝加尔地区分布广泛，新巴尔虎右旗境内也发现有数量较多的石板墓。其建造方法大致为挖出较浅的墓圹，在圹底向下挖出仅容死者躯体的墓坑，将死者放置于墓坑底部，用石板覆盖其上，然后紧贴墓圹四壁竖立石板，在石板内外两侧垒石加固，形成石壁，四角有立石。在石壁内堆砌石块，略高于地表，在墓葬东侧不远处立有石柱或石碑。石板墓多分布于河湖沿岸以及山地缓坡处，成群分布，墓群内部多有分区，墓葬平面呈方形、长方形或梯形，墓向多为东西向，随葬品有日用器具、装饰品、工具、武器等。

新巴尔虎右旗境内石板墓群分布较多，保存较好，其中，经过考古发掘的有哈乌拉石板墓群、布尔敦山石板墓群和额尔敦山石板墓群。

哈乌拉石板墓群位于呼伦镇东南约12.3公里处的哈乌拉山，东距呼伦湖约13公里。该墓地共有石板墓118座，分布于哈乌拉山的东西两侧山坡上，据此可划分为东西两区，其中，东区有石板墓97座，西区有石板墓21座。石板墓大小、形状略有不同，但形制大体一致，皆为用石板竖立围成露出地表的石壁，大部分石板墓有角石以及碑状立石，排列有序，大体南北成行，分组排列。1975年，黑龙江省博物馆与哈尔滨师范学院对该墓地部分石板墓进行了发掘[3]，已发掘的石板墓人骨保存较差，葬式难辨，可能存在二次葬。墓向多呈东西向。出土有夹砂黄褐陶片、蚌刀、辉石珠等遗物。

2019年，内蒙古自治区文物考古研究所等机构对布尔敦山石板墓群、额尔敦山石板墓群进行了调查、发掘工作[4]。

布尔敦山石板墓群位于达赍苏木南约2公里处的布尔敦山，共有7座石板墓，呈南北向分布。经过发掘的2～4号墓葬结构较为特殊，由北向南并列而建，规模逐渐缩减。其中M2规模最大，为双人异穴合葬墓，在堆填的石板层东部发现有马、羊的头骨碎片。另外，在被扰动的填土中发现有夹砂灰褐陶片、石臼、蚌壳、滑石珠以及绿松石珠等遗物。M3也被扰动，在墓室的东侧发现5个马头骨。M4规模最小，在填土中发现有少量夹砂陶片。

额尔敦山石板墓群位于阿拉坦额莫勒镇西北约14公里处的额尔敦山，由北向南可分为4个区域，共有63座石板墓。每座石板墓虽然规模大小不一，但形制大体相同，平面多呈长方形，且在石壁的四角立有角石，部分石板墓东侧立有碑状立石。据发掘材料可知，葬式均为单人仰身直肢葬，并出土有夹砂褐陶花边口沿折肩罐、石矛、玛瑙珠以及马、羊的骨骼等遗物。

草原上石板墓兴盛的时期，正值中原地区的商周时期。石板墓群的发现与研究，为探讨北方草原地区与中原王朝的文化交流提供了新材料与新视角。

新巴尔虎右旗内还分布着一些石圈遗存，以多若乌拉遗址、瓦林图遗址、照钦乌拉敖包遗址为代表。石圈平面多呈圆形，由石块围砌而成。按规模可分为大型、小型两种，大型石圈直径多大于10米，小型石圈直径多

[3] 制思德：《内蒙新巴尔虎右旗哈乌拉石板墓》，《北方文物》1988年第4期。

[4] 党郁：《2019年内蒙古自治区文物考古研究所考古发现综述》，《草原文物》2020年第1期。

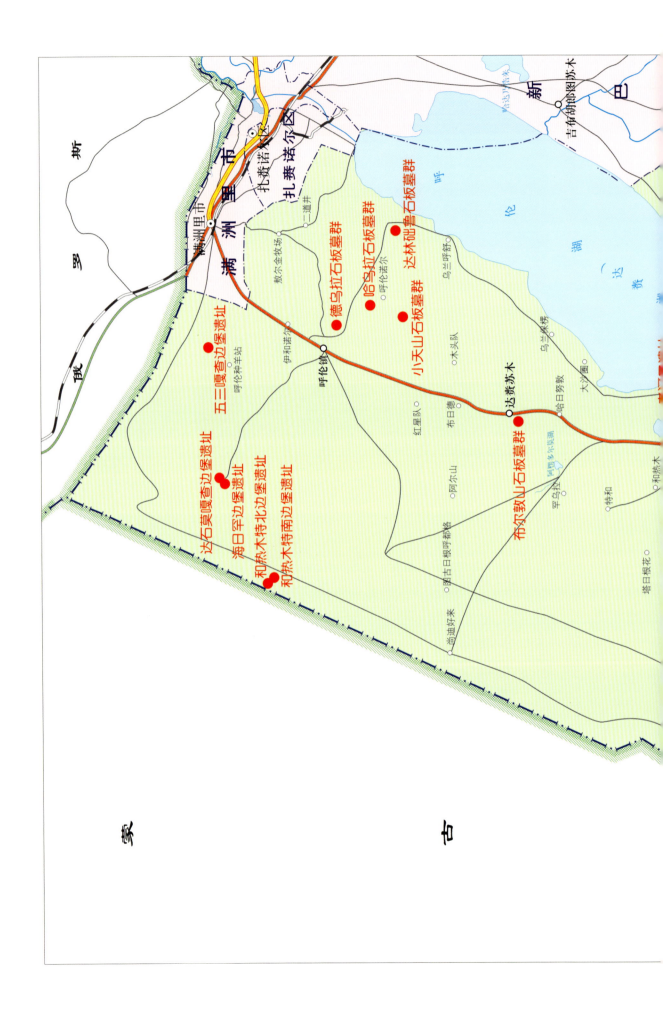

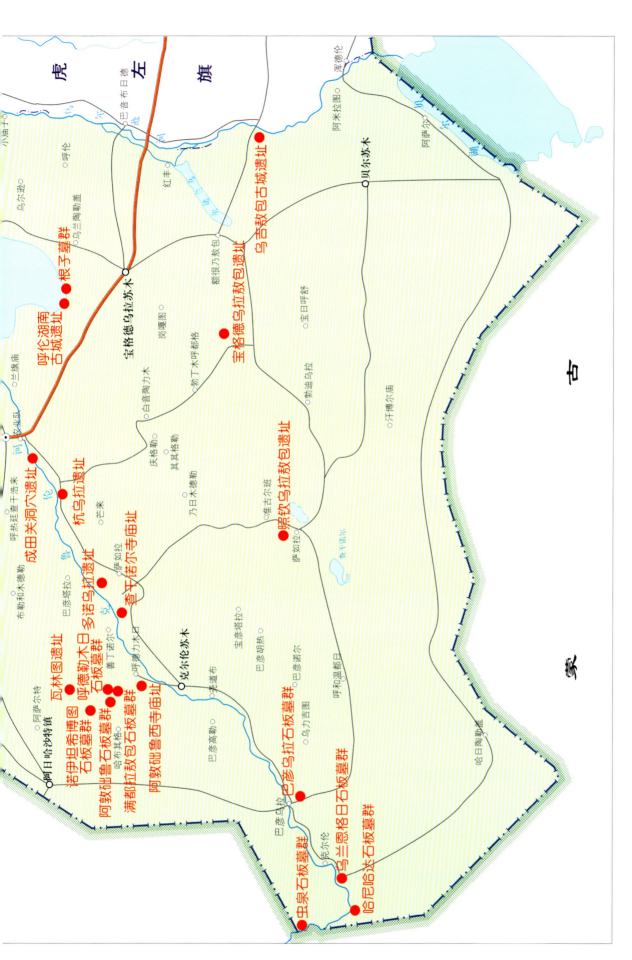

新巴尔虎右旗第三次全国文物普查遗址分布图

Distribution of Sites Found in the Third National Cultural Relics Survey in Xin Barag Right Banner

为2~6米，有的小型石圈内分布有石块堆积。另外，有些石圈遗存附近有石板墓群存在。至于石圈遗存的年代、性质如何，还需要开展更多的发掘与研究工作。

战国秦汉时期，呼伦贝尔草原已发现的历史遗存以鲜卑墓葬等游牧民族遗存为主。据《魏书·序纪》记载，拓跋鲜卑在首领推寅时"南迁大泽，方千余里"，即从大兴安岭迁往呼伦湖地区。20世纪50年代末以来，在呼伦湖周边发现的扎赉诺尔墓群、蘑菇山墓群、根子墓群、红星村墓群等，应为拓跋鲜卑南迁大泽时期的墓葬遗存。其中，根子墓群和红星村墓群均在今新巴尔虎右旗境内。

根子墓群位于呼伦湖南岸的宝格德乌拉苏木根子嘎查，面积约20000平方米，据调查可知，地表暴露有30余座墓葬，周边散布有陶片、人骨、马骨、牛骨等遗物[5]。红星村墓群位于克尔伦苏木所在地南约10公里的沙丘中，面积约500平方米。1975年6月，文物考古工作者在新巴尔虎右旗进行文物普查时，对红星村墓群中一座墓葬进行了抢救性清理[6]。从现有发掘材料来看，该墓为长方形竖穴土坑墓，墓坑呈南北向，长、宽、深分别为1.1、0.5、0.92米。葬具为圆筒形桦树皮棺，棺顶糟损，下端稍有残缺，底部保存较好。墓主人是一个3~4岁的儿童，为仰身直肢葬，头朝北。墓内出土有铁器残片、丝织品等。

新巴尔虎右旗境内已发现的辽代遗址有3处，分别为瓦林图遗址、呼伦湖南古城遗址和乌吉敖包古城遗址。其中，呼伦湖南古城遗址和乌吉敖包古城遗址是"蒙古族源与元朝帝陵综合研究"项目办公室在新巴尔虎右旗组织开展田野考古调查时的新发现。

瓦林图遗址位于呼伦镇东北约10公里处，面积约50000平方米，文化层厚约0.5米，发现有篦点纹泥质灰褐陶片和夹砂黄褐陶片[7]。

呼伦湖南古城遗址位于宝格德乌拉苏木，分布在呼伦湖二级台地上，面积约25600平方米，该城址轮廓较为清晰，西城墙保存相对较好，发现南城门一座，地表散布有辽代陶片。

乌吉敖包古城遗址位于贝尔苏木莫能塔拉嘎查乌吉敖包西北约2公里处，东距乌尔逊河约2公里，面积约21000平方米。该城址的城墙基址保存较为完好，墙体宽约20米，现存高度约1.6米，地表散布有辽代陶片。

《新唐书·地理志》载俱轮泊（即今呼伦湖）"四面皆室韦"，表明唐代已有室韦部落在今新巴尔虎右旗境内广泛分布。五代至辽金时期，活动在

[5] 国家文物局:《中国文物地图集·内蒙古自治区分册》（下），西安地图出版社，2003年，第471页。

[6] 云薇:《内蒙古新巴尔虎右旗发现一座鲜卑墓葬》，《北方文物》1987年第4期。

[7] 国家文物局:《中国文物地图集·内蒙古自治区分册》，西安地图出版社，2003年，第472页。

呼伦贝尔地区的乌古（于厥）、敌烈、辖劫子等部落，即多由唐代的室韦各部演变而来。10世纪初，辽朝设置职官机构管辖乌古敌烈等部的同时，还将一些契丹人迁往海勒水（今海拉尔河）、于谐里河（今石乐喀河）、胪朐河（今克鲁伦河）地区开荒垦殖，使农耕经济推进到了今新巴尔虎左、右旗及陈巴尔虎旗一带。新巴尔虎右旗境内的辽代遗址，应与辽朝统治呼伦贝尔地区的历史密切相关。

继辽朝之后统治呼伦贝尔地区的是金朝。12世纪初，女真人建立金朝，并攻灭辽朝和北宋，入主中原，与南宋形成南北对峙格局。与此同时，蒙古高原诸部崛起，逐渐成为金朝北疆的"边患"，金朝遂在其北方边界地区构筑军事防御工程——界壕，并屯驻重兵把守，以防御蒙古骑兵的南下。

金界壕，亦称"壕堑""壕垒""金长城""成吉思汗边墙"等。其修筑方式是挖出一条防止战马跃出的壕堑，并将掘出的土堆积在壕沟侧面，形成壕堤。金界壕主要由主壕、内壕、副壕、外壕构成。此外，还在壕堑沿线筑有边堡或小城等附属设施，用于屯驻军队和存储物资。历史上，金朝曾多次在其西北、北部和东北边疆地区挖掘壕堑，兴建边堡，以备不虞。从多次调查和发掘结果来看，金界壕可划分为北线、南线两条主线和若干条支线。其中，北线主要分布在大兴安岭以西的草原地带，东起内蒙古自治区额尔古纳市的上库力村，沿根河南岸向西延伸至与额尔古纳河交汇处折向西南，沿额尔古纳河延伸至陈巴尔虎旗北部，穿越河至俄罗斯境内，再延伸至我国满洲里市北面，横穿新巴尔虎右旗北部，向西延伸至蒙古国境内，全长700多公里[8]。金界壕北线新巴尔虎右旗段全长60.163公里，保存情况较好，并于1996年5月28日被公布为全国重点文物保护单位。

2018年，"蒙古族源与元朝帝陵综合研究"项目办公室开展对新巴尔虎右旗的田野考古调查期间，在位于呼伦镇境内的五三嘎查、呼伦诺尔嘎查、布尔敦嘎查等地，新发现5处金界壕沿线边堡遗址。

五三嘎查边堡遗址位于嘎查西约3公里处，呈圆形，面积约20600平方米，土质城墙，墙宽8米，墙体现存高度0.6米，东侧城墙破坏严重，西侧城墙保存较好，外围有宽2米、深0.3米的环壕。

达石莫嘎查边堡遗址位于金界壕南侧，近方形，长66米，宽60米，面积约3960平方米，土质城墙，墙基宽8米，墙体现存高度0.3米，外围有宽5.5米、深0.2米的环壕。

海日罕边堡遗址位于达赉苏木阿尔山宝力格嘎查，在金界壕南侧，西距

[8] 李逸友编著：《内蒙古历史名城》，内蒙古人民出版社，1993年，第129页。

海日罕山300米，面积约15800平方米。分为内外两城，皆为土质城墙，外城环绕内城。内城呈方形，边长43米，面积1849平方米，墙体现存高度1米，发现东城门一座，门宽7米。外城呈圆形，直径142米，墙基宽6米，墙体现存高度0.1米。

和热木特南边堡遗址、和热木特北边堡遗址均位于达赉苏木布尔敦嘎查一带。前者呈方形，边长44米，南侧有长9米、宽8米的瓮城，城外有宽5米、深0.4米的环壕，总面积约2008平方米。土质城墙，墙宽9米，墙体现存高度2.5米左右，保存情况较好。后者分为内外两城，皆土质城墙，外城环绕内城，面积约22100平方米。内城呈方形，一角与外城墙连接，长、宽均为55米，墙基宽10米，墙体现存高度1米，发现东城门一座，门宽6米。外城呈圆形，直径167.5米，墙基宽5米，墙体保存高度0.4米，发现东城门一座，门宽7米。

13世纪中叶，元太宗窝阔台子阔端遣兵入藏，西藏藏传佛教与蒙古贵族建立了较为亲密的联系。入元以后，藏传佛教与蒙古贵族的关系愈加密切，但是没有在普通民众中广泛传播。明朝建立后，藏传佛教在蒙古社会的影响日渐衰弱。俺答汗再次将藏传佛教引入蒙古社会以后的数十年间，藏传佛教逐渐在蒙古社会成为占据统治地位的宗教，影响日益广泛。入清以后，藏传佛教在清廷的扶持与鼓励下，得到进一步发展，规模之大、信众之多前所未有。新巴尔虎右旗境内现存清代藏传佛教寺庙1座、寺庙址4处。

保存较为完整的达西朋斯格庙，俗称"西庙"，位于阿拉坦额莫勒镇以西9.1公里处的阿尔山苏木，兴建于同治六年（1867年），后经两次修缮与扩建。寺内现有主殿一座、东西配殿各一座，占地面积9212平方米，是全旗境内现存规模最大的寺庙，1991年被列为自治区级重点文物保护单位。庙内所藏藏文经书、佛像及部分物品是藏传佛教中的珍贵文物。

第三次全国文物普查时发现的阿敦础鲁西清代寺庙址，位于阿日哈沙特镇（原阿敦础鲁苏木）西约1.1公里处，现有18处建筑基址，面积为80774.3平方米，部分建筑基址原为院落型建筑。其中，最大的院落基址长43米，宽24米，门宽6.5米，院内路基保存较为完整，地表散落有大量砖石与少量瓷片。

查干诺尔清代寺庙址是"蒙古族源与元朝帝陵综合研究"项目办公室在新巴尔虎右旗开展田野考古调查时的新发现。该寺庙址位于克鲁伦河南岸的萨如拉嘎查巴金德尔哈拉敖包一带，面积约1200平方米，现存多处建筑基址。其中，有一座院落基址的规模最大，院内南北两侧各有一处建筑基址，地表散落有石块、瓷片。

在藏传佛教占据统治地位之前，崇尚"万物有灵论"的萨满教是蒙古社会最主要的宗教。萨满教的地位被藏传佛教取代后，它的一些精神内核仍被保留下来。敖包被认为是天地神灵的象征物，祭祀敖包则是"万物有灵论"的集中体现。

新巴尔虎右旗境内有宝格德乌拉、白音乌力吉等清代敖包。其中，宝格德乌拉敖包遗址是呼伦贝尔乃至内蒙古地区最富盛名的敖包之一。"宝格德乌拉"系蒙古语，意为"神山""圣山"。每年农历的五月十三和七月初三，草原上的牧民都要在宝格德乌拉山举办隆重的民间祭祀盛会。祭祀活动由高僧主持，之后还会进行摔跤、赛马、射箭等蒙古族传统比赛。

综上所述，包括新巴尔虎右旗在内的呼伦贝尔草原地域辽阔，水草肥美，是中国古代多个北方游牧民族的历史摇篮。先秦两汉以降，东胡、匈奴、鲜卑、突厥、回纥、契丹、女真、室韦和蒙古等民族先后在此繁衍生息，并长期与中原农耕民族及周边各族交往交流交融，对中华民族共同体的形成发展以及中国统一多民族国家的历史演进发挥了重要作用。

SUMMARY OF ETHNIC CULTURAL RELICS AND ARCHAEOLOGY IN XIN BARAG RIGHT BANNER

LIU GUOXIANG
BAI JINSONG
XU ZHAOFENG
YUAN GANG

Xin Barag Right Banner (abbreviated as Xin Right Banner, commonly known as the "West Banner") is located to the west of Hulunbuir City, and is one of the nineteen border banners (cities) and the twenty-three animal husbandry banners in the Inner Mongolia Autonomous Region. The geographical coordinates are 47°36' to 49°50' north latitude, and 115°31' to 117°43' east longitude, which are mid-latitude areas. It is a significant part of the Hulunbuir Grassland. The banner is 245 kilometers long from north to south and 168.34 kilometers wide from east to west. It and Xin Barag Left Banner on the east take the Urson River as the boundary, bordering Mongolia on the west and south, and Russia on the north. The total length of the borderline is 515.4 kilometers, of which the border between China and Mongolia is 467.4 kilometers long and the border between China and Russia is 48 kilometers long. The total area of the banner is 25,194 square kilometers. The party and government organizations of Xin Barag Right Banner are located in Alatan Emole Town, about 330 kilometers from Hailar District on the east and 118 kilometers from the largest land port city of China, Manzhouli, on the northeast.

Xin Barag Right Banner is situated in the transitional zone between the Greater Khingan Mountains and Mongolian Plateau. It has a moderate temperate semi-arid continental grassland climate with four distinct seasons. The spring is dry and windy, and the temperatures rise rapidly. The summer is hot and short with concentrated precipitation. The autumn is cooling fast and frosty early. The winter is severely cold and long. The average annual temperature is 1.6   and the average annual precipitation is 243.9 millimeters. The overall terrain of the banner is high in the northwest and low in the southeast. The geomorphological unit belongs to the Hulunbuir fault basin. The mountain range alignments and the river flow directions are basically the same as the geological tectonic line. Most of the mountains are northwest to southeast, and the Hulun Lake and the Kherlen River develop along the faulted zone. The north bank of the Kherlen River and the west bank of the Hulun River are low mountains and hilly areas, with an altitude of about 650 to 1000 meters. The highest point is the Bayan-Ula Mountain at an altitude of 1,011 meters, and the lowest point is the Alxa Chaganor area at an altitude of 504 meters. The territory is rich in water resources and densely covered with rivers and lakes. They all belong to the Ergun River system, mainly the Kherlen River, which flows into the Hulun Lake, and the Urson River, which connects the Hulun Lake with the Buir Lake. The Hulun Lake is the fifth largest freshwater lake in China with a water area of about 2,339 square kilometers, of which the water area of Xin Barag Right Banner is about 2,210 square kilometers, which accounts for about 94.5% of the total water area. The Buir Lake is owned by China and Mongolia with a water area of about 608.78 square kilometers. 40.26 square kilometers in the northwest of Buir Lake are owned by China, accounting for about 6.61% of the total water area. The whole banner's grassland covers an area of 22,375 square kilometers. The grassland is vast and flat, with a variety of herbage, and a natural high-quality pasture.

Archaeological discoveries and related research results reveal that the "Jalainur people" lived here 10,000 years ago. The discoveries of the Chengtianguan Cave, Hang-Ula site, and Chaganor site indicate that ancient people lived in this area during the Neolithic Age. The Xin Barag Right Banner is located in the northern part of the "Historical Ethnic Area of Donghu and Its Descendants"[1]. It is one of the main activity areas of the northern branch of Donghu and its descendants[2]. According to "Hainei West Sutra" in the book *Classic of Mountains and Seas*, "Donghu is on the east of Daze, and Yi people are on the east of Donghu." "Daze" is the Hulun Lake. It can be seen that some Donghu people had been active around the Hulun Lake, as early as the Warring States Period.

In the 3rd century BC, Xiongnu took control of the Hulunbuir area, the Xar Moron River Basin and the Laoha River Basin after they defeated Donghu, which Donghu once occupied. Xiongnu divided these territories into three tribes, the Left, the Middle and the Right, enfeoffed kings and nobility with these territories, and set up local authorities. The Hulunbuir area, including Xin Barag Right Banner, was the fiefdom belonging to the Left Tribe of Xiongnu, and was a nomadic area for the Left King of Virtue and the Left nobility. In the fourth year of Yuanshou, Emperor Wu of the Han Dynasty (119 BC), Han's army defeated the troops of Xiongnu's chief Chanyu and the Left King of Virtue. Since then, Xiongnu lost the Left Tribe area and moved the court to the north of the Gobi desert, and its power withdrew from the Hulunbuir Grassland. Around the 1st century BC, Tuoba Xianbei migrated from the Daxianbei Mountain in the northern section of the Greater Khingan Mountains (centered on Gaxian Cave, which is about 10 kilometers northwest of Alihe Town, Oroqen Autonomous Banner, Hulunbuir City, Inner Mongolia Autonomous Region) to the surrounding area of the Hulun Lake. Tuoba Xianbei later moved to the Yinshan Mountain area, occupied the "Homeland of Xiongnu", entered the Central Plains and established the Northern Wei Dynasty. From the late Southern and Northern Dynasties to the Sui Dynasty, the nomadic hunters in the Hulunbuir area were once ruled by Tujue. In the Tang Dynasty, around the Julunpo (the present Hulun Lake) was the main activity area of Shiwei-Dada, the former Mongols. The Central Plains dynasties once set the Chief Military Command of Shiwei in the Hulunbuir area and implemented the autonomy policy.

In the four dynasties of Liao, Jin, Yuan and Ming, the administrative ownership of Xin Barag Right Banner changed several times. In the Liao period, it was controlled by the Wugu Dilie Tongjunsi Military Department (Luquhe Tongjunsi Military Department). In the Jin period, it was under the jurisdiction of the Zhaotaosi Military Department of Dongbeilu province, and was the nomadic land of the Mongol Hongjila Tribe and other tribes. At the beginning of the 13th century, Emperor Taizu of the Yuan redistricted the fiefdoms for Mongol nobles and moved the fiefdoms of the Hongjila

[1] In the history, "from the Zhaowuda Pine Desert to the Ergun River Basin, these areas were the places of residence for mainly Donghu and its descendants, Xianbei, Qidan and Shiwei-Dada, who spoke the same or similar language, had similar customs, and were adjacent to each other", so called the "Historical Ethnic Area of Donghu and Its Descendants". See Yi Linzhen's "Northern Ethnic Groups of Ancient China and the Mongol Origin" in *Journal of Inner Mongolia University* (Philosophy & Social Sciences), (Z2) 1979 for details.

[2] Donghu could be divided into two branches as the South and the North by the differences of active areas. The active areas of the Northern branch were the Hulun Lake and the areas from the east of the Ergun River to the Nenjiang River Basin, while of the Southern branch were the Xar Moron River, the Laoha River and the area on the south of it. They had the same or similar language and customs, though they lived in different areas. See Zhang Jiuhe's "Comprehensive Views of Donghu Ethnic Groups" in *Journal of Inner Mongolia University* (Philosophy & Social Sciences), (2) 1990 for reference.

Tribe to the south of the present Xilin Gol League and the northwest of Chifeng City. Most parts of the original territory of the Hongjila Tribe were enfeoffed to his younger brother Qasar and the youngest brother Otchigin, and some were enfeoffed to his brother Belgutei who was born of a concubine. In the Yuan period, the area of Xin Barag Right Banner was under the jurisdiction of the Lingbei Branch Secretariat. In 1368, Zhu Yuanzhang established the Ming Dynasty. The Yuan withdrew the forces from the Central Plains and continued confronting the Ming, historically called the "Northern Yuan". In the early years of the Ming, the Emperor Zhaozong Ayushiridara of the Northern Yuan moved the palace to the Hulunbuir Grassland to station and pasture. In 1388, Tegus Timur ascended the throne and changed the reign title to Tianyuan after Ayushiridara died. In the 21st year of Hongwu (1388), the general of the Ming named Lan Yu led his army to defeat the Northern Yuan in Buyuerhai (the present Buir Lake). The Tegus Timur's tribe was separated, and he was killed by the other tribe's leader, Yisudar. Therefore, the power of the Yuan has never recovered since then. From the 3rd year to the 4th year of Yongle (1405-1406), the Ming set up Hailar Thousand-household Battalion, Jianhe Guard, Haraha thousand-household Battalion, and other autonomy guards and battalions with Mongol Tribe as the main bodies in the Hulunbuir area, including the present Xin Barag Right Banner and other places. In the 5th year of Zhengde (1510), Dayan Khan reunified Mongol tribes, built and distributed sixty thousand-household brigades to his sons (thirty thousand-household brigades for each of the Left and Right Wings). Haraha Ten-thousand-household Brigade, one of the brigades in the Left Wing, was stationed and pastured in the Haraha River basin in Hulunbuir.

In the early years of the Qing Dynasty, the Mongol tribes of Ar Horqin, Sizi, Maoming'an, Ulat, and others, which originally pastured in the Hulunbuir region, were all moved southward to new pastures after they submitted to the Qing government. Barag, Dahur, and Solun tribes that had previously scattered on the northwest and north of Hulunbuir moved into this region under the invasion of the Tsarist Russian forces. In the 12th year of Yongzheng (1734), the Qing government complied 2,400 people of the Barag Tribe of the Khalkha Mongol Chechen Khan as the Eight Banners of the Xin Barag, four for each of the Left and Right Wings, each banner with five and a total of forty garrisons. In order to distinguish the Barag Mongols, who moved from the Butha region in the east of the Greater Khingan Mountains in the 10th year of Yongzheng (1732) and were integrated into the Eight Banners of Soren's Left and Right Wings, they named the new immigrants as "Xin Barag" and the previous immigrants as "Chen Barag". The four Right-wing banners of Xin Barag were stationed and pastured west of the Hulun Lake and the Urson River, along the north bank of the Buir Lake and the lower reaches of the Kherlen River. Its territory is basically the same as that of the present Xin Barag Right Banner. For hundreds of years, the Barag Tribe Mongols have been living here, written the historical chapters of the Chinese nation with the Han and other fraternal peoples in continuous exchanges and integration, and jointly built a beautiful home for survival and development.

Xin Barag Right Banner has a long history and profound cultural heritage.

Sixty-one ancient cultural sites that have been found in the banner so far, 49 of which were found during the Third National Survey of Cultural Relics. From June to July 2018, the project office of the "Comprehensive Research on Mongol Origin and Imperial Mausoleums of the Yuan Dynasty" organized archaeological field surveys on critical areas such as the river basins of the Kherlen and the Urson, the surrounding areas of the Hulun Lake and the Buir Lake, the Bogda Mountain and the Boundary Entrenchments of the Jin Dynasty. A total of 46 sites of different ages were investigated, including 12 remains and 5 border forts along the Boundary Entrenchments, which were newly discovered. There is one major historical and cultural site under state protection and five under Autonomous Region protection in the banner.

Four Neolithic sites found in Xin Barag Right Banner: Chengtianguan Cave site, Hang-Ula site, Chaganor site and Laohekou site.

Chengtianguan Cave site is located about 5.3 kilometers southwest of Alatan Emole Town. The entrance of the cave is semicircular with a diameter of about 1.5 meters and a depth of about 3.8 meters. The accumulated fill in the cave is about 0.7 meters thick and the area inside the cave is about 10 square meters. Sand pottery sherds, lithic tools of cores, blades and scrapers, agate beads and other artifacts were scattered near the cave. Hang-Ula site is located in Manglai Gacha, about 20 kilometers northeast of the Moresge Office in Kerlen Sumu. It is a Neolithic site and about 25,000 square meters in area. Lithic tools of cores, blades, arrowheads, scrapers, choppers, axes and other artifacts were collected from the surface of the site. The Chaganor site is located in Narimudel Gacha, about 6.5 kilometers west of the Moresge Office in Kerlen Sumu. It covers an area of about 18,000 square kilometers. The ground surface is scattered with lithic tools of cores, blades, scrapers, ground arrowheads and other artifacts. Laohekou site is located 2 kilometers east of Dongmiao Gacha, Alatan Emole Town in Xin Barag Right Banner, and is the bank where the Kherlen River merges into the Hulun Lake. The site covers an area of about 10,000 square meters. Artifacts such as lithic tools of cores, flakes, blades, scrapers, stone ornaments with perforation and plain sand pottery sherds were collected from there.

From the Bronze Age to the early Iron Age, slate tombs as a distinctive form of tombs, were widely distributed in the Mongolian Plateau and Outer Baikal regions, and many slate tombs were also found in Xin Barag Right Banner. Its construction procedure is roughly to dig a shallow burial pit, then dig another pit that only accommodates the body of a deceased at the bottom of it; lay the deceased on the bottom of the pit and cover it with slates; erect slates against the four walls inside the pit; pile up stones on both sides of slates as stone walls for reinforcement; erect stones at the four corners; pile up stones on the top; erect a stele on the east near the tomb. Slate tombs are constructed grouped, and mostly distributed along rivers and lakes and on gentle slopes of hills. There are different zones in a cemetery. The tomb is square, rectangular or trapezoidal. It is generally oriented from east to west. The buried objects are daily utensils, ornaments, tools, weapons and so on.

Many well-protected slate tombs distributed in Xin Barag Right Banner, including archaeologically excavated slate tomb cemeteries in the Haura, the Buldun, and the Erdun Mountains.

Haura slate tomb cemetery is located on the Haura Mountain, about 12.3 kilometers southeast of Hulun Town and 13 kilometers east of the Hulun Lake. There are 118 slate tombs in the cemetery, divided into the east district with 97 tombs and the west district with 21 tombs, distributed on the the mountain's east and west slopes. The sizes and shapes of the tombs are different, but their structures are generally the same, which have erected slates as stone walls extended out of the ground, and mostly have cornerstones and stele-shaped stones, and arranged in groups in a certain order from south to north. In 1975, the Museum of Heilongjiang Province and Harbin Normal College excavated some of the tombs[3] and found that the skeleton remains were poorly preserved so that the burial postures were difficult to distinguish, and there may have been a secondary burial. The tombs were primarily oriented from east to west, and unearthed sand yellowish-brown pottery sherds, clam knives, pyroxene beads, and other artifacts.

In 2019, the Institute of Cultural Relics and Archaeology of the Inner Mongolia Autonomous Region and other institutions investigated and excavated Buldun Mountain slate tomb cemetery and Erdun Mountain slate tomb cemetery[4].

Buldun Mountain slate tomb cemetery is located on the Buldun Mountain, about 2 kilometers south of the Dalai Sumu. There are 7 slate tombs in total, which are oriented from south to north. The excavated tombs' structures of M2、M3 and M4 are relatively special. They were built parallel from north to south, and the sizes decreased one by one. M2 is the largest one, a joint burial of two separate tomb pits. Skull remains of horses and sheep were found in the eastern part of the piled slate layers. In addition, burial objects such as grayish-brown sand pottery sherds, stone mortars, clamshells, talc beads and turquoise beads were found in the disturbed fill. M3 was also disturbed, and five horse heads were found east of it. M4 is the smallest one, and a few sand pottery sherds were found in the fill.

Erdun Mountain slate tomb cemetery is located on the Erdun Mountain, about 14 kilometers northwest of Alatan Emole Town. It was divided into four areas from north to south with a total of 63 slate tombs. Although the tombs are in different sizes, the forms are basically the same. They are generally rectangular and there are cornerstones on four corners of the stone walls. Some of the tombs are erected stele-shaped stones on the east. According to the archaeological materials, burial occupants are all lied in back with extended limbs. Buried objects such as brown sand pottery jars with a floral rim and angled shoulder, stone spears, agate beads, bones of horses and sheep and others were unearthed.

The flourishing period of slate tombs on grassland was the Shang and Zhou periods in the Central Plains. The discovery and research of slate tombs provide new materials and perspectives for discussing cultural exchanges between the Central Plains Dynasties and the Northern Grassland areas.

There are also some stone circles remains in Xin Barag Right Banner, represented by the Dorao-Ula site, Walintu site, and Zhaoqin-Ula Aobao site. The stone circle

[3] Zhi Side, "Haura Slate Tombs in Xin Barag Right Banner, Inner Mongolia", *Northern Cultural Relics*, (4) 1988.

[4] Dang Yu, "An Overview of Archaeological Discoveries of the Institute of Cultural Relics and Archaeology of the Inner Mongolia Autonomous Region in 2019", *Steppe Cultural Relics*, (1) 2020.

was built by stones and generally circular in a plan view. According to the scale, these stone circles can be divided into two types: large and small; the diameters of stone circles, large and small, are generally more than 10 meters and 2 to 6 meters respectively. Some small stone circles were piled up with stones inside. Additionally, some stone circles have slate tombs nearby. As for the age and nature of the stone circles remains, more excavations and research need to be done.

During the Warring States Period to the Qin and Han Dynasties, the historical remains found in Hulunbuir Grassland mainly belonged to nomadic ethnic groups, such as Xianbei's tombs. According to the records in the "Preface" of *Wei Shu (History of the Wei)*, during the reign of chief Tuiyin, Tuoba Xianbei "migrated southward for more than a thousand miles to Daze", which means that they migrated from the Greater Khingan Mountains to the Hulun Lake area. Since the late 1950s, the remains found in cemeteries of Jalainur, the Mogu Mountain, Genzi, and Hongxing Village around the Hulun Lake should be the tombs of Tuoba Xianbei migrating southward to Daze. Genzi cemetery and Hongxing Village cemetery are in the territory of Xin Barag Right Banner.

Genzi cemetery is located in Genzi Gacha of Baogede-Ula Sumu on the south bank of the Hulun Lake. It covers an area of about 20,000 square meters. According to the investigation, more than 30 tombs were exposed, and the ground surface was scattered with pottery sherds, bones of humans, horses and oxen, and so on[5]. Hongxing Village cemetery is located in the dunes about 10 kilometers south of Kerlen Sumu, covering an area of about 500 square meters. In June 1975, archaeologists took a rescue excavation for a tomb in Hongxing Village cemetery during an archaeological survey in Xin Barag Right Banner[6]. According to the excavation materials, it is a rectangular vertical earthen pit tomb, oriented from south to north, with 1.1 meters in length, 0.5 meters in width and 0.92 meters in depth. The burial container is a cylindrical birch bark coffin, with a badly damaged top, a slightly damaged lower part and a well-preserved bottom. The tomb occupant is a three-or-four-year-old child, interred supine with extended limbs and head toward the north. It unearthed iron fragments, silk fabrics and so on.

There are three sites of the Liao Dynasty found in Xin Barag Right Banner, which are the Walintu site, Hulun Lake South Ancient City site and Uji-Aobao Ancient City site. The latter two are new discoveries in the archaeological field survey of Xin Barag Right Banner, organized by the project office of the "Comprehensive Research on Mongol Origin and Imperial Mausoleums of the Yuan Dynasty".

Walintu site is located about 10 kilometers northeast of Hulun Town. It covers an area of about 50,000 square meters and the cultural layer is about 0.5 meters thick. Grayish-brown clay pottery sherds with grate dots patterns and yellowish-brown sand pottery sherds were found on the site[7].

The Hulun Lake South Ancient City site is located on the secondary tableland of the Hulun Lake in Baogede-Ula Sumu, covering an area of about 25,600 square meters. The outline of the site is relatively clear, and the western city wall is relatively preserved well. There is one southern gate, scattered with pottery sherds of the Liao

[5] National Cultural Heritage Administration, Volume II, *the Inner Mongolia Autonomous Region, Atlas of Chinese Cultural Relics*, Xi'an Map Press, 2003, p. 471.

[6] Yun Sou, "A Tuoba Xianbei Tomb Found in Xin Barag Right Banner of the Inner Mongolia", *Northern Cultural Relics*, (4) 1987.

[7] National Cultural Heritage Administration, *Fascicule of the Inner Mongolia Autonomous Region, Atlas of Chinese Cultural Relics*, Xi'an Map Press, 2003, p. 472.

Dynasty on the ground surface.

The Uji-Aobao Ancient City site is located about 2 kilometers northwest of Uji-Aobao in Moneng Tara Gacha of Buir Sumu and about 2 kilometers east of the Urson River. The site covers an area of about 21,000 square meters. The base of the city wall is relatively preserved well. The width of the city wall is about 20 meters, and the current height is about 1.6 meters. Pottery sherds of the Liao Dynasty were found on the surface of the site.

"Dili Zhi (Geography)" in *Xin Tang Shu (The New Chronicles of the Tang Dynasty)* records that Julunpo (the present Hulun Lake) is "surrounded by Shiwei people all sides". It indicates that Shiwei tribes in the Tang Dynasty were widely distributed in the current territory of Xin Barag Right Banner. From the Five Dynasties to the Liao and Jin Dynasties, tribes of Wugu (Yujue), Dilie, Wajiezi and others in the Hulunbuir area evolved from Shiwei tribes of the Tang Dynasty. At the beginning of the 10th century, the Liao Dynasty set up an official institution to administer these tribes and moved some Qidan people to the Haile River (the present Hailar River), the Yuxieli River (the present Shileka River), the Luqu River (the present Kherlen River) for land reclamations. Thus, the agricultural economy was extended to the present Xin Barag Left and Right Banners and Chen Barag Banner. Sites of the Liao in Xin Barag Right Banner should be closely related to the history of the Hulunbuir area ruled by the Liao.

After the Liao Dynasty, the Hulunbuir area was ruled by the Jin government. At the beginning of the 12th century, Nüzhen established the Jin Dynasty, entered the Central Plains, and formed a confrontation situation with the Southern Song after defeating the Liao and the Northern Song. Meanwhile, tribes on the Mongolian Plateau rose and gradually became a "border trouble" on the north of the Jin. Therefore, the Jin built a military defensive project — the Boundary Entrenchments in the northern border area, and stationed massive forces to defend against the southward movement of the Mongolian cavalry.

The Boundary Entrenchments of the Jin are also known as the Trenches, the Trench Ramparts, the Great Wall of the Jin, the Genghis Khan Border Wall and so on. Its construction method is to dig out trenches to prevent warhorses from jumping out, and pile up the excavated earth on the side of the trenches to form trench walls. The Boundary Entrenchments are mainly composed of main, internal, secondary and external trenches. Additionally, ancillary facilities such as border forts and small cities were built along the trenches to station troops and store goods and materials. Historically, the Jin dug trenches and built border forts several times in the northwestern, northern and northeastern frontiers to be prepared for any contingency. According to the excavations and research results, the Boundary Entrenchments can be divided into two main lines, the Northern Line and the Southern Line, and several branch lines. The Northern Line is mainly built on the grassland west of the Great Khingan Mountains, which starts from Shangkuli Village in Ergun City, Inner Mongolia Autonomous Region in the east, extends westward along the south bank of the Genhe River to the intersection with the Ergun River, turns southwestward, extends along the Ergun River to the northern part of Chen Barag Banner, passes through Russia, then enters into the northern part of Manzhouli City of China, crosses the north part of Xin Barag Right Banner, and extends westward to Mongolia. The total length is more than 700 kilometers[8]. The Xin Barag Right Banner section of the Boundary Entrenchments' north line is preserved well, with a total length of 60.163 kilometers. It was declared to be a major historical and cultural site under state protection on May 28, 1996.

In 2018, during the archaeological field survey of Xin Barag Right Banner, organized by the project office of the "Comprehensive Research on Mongol Origin and Imperial Mausoleums of the Yuan Dynasty", archaeologists discovered 5 border forts along the Boundary Entrenchments of the Jin Dynasty in villages of Wusan Gacha, Hulunor Gacha, Buldun Gacha and others in Hulun Town.

The Wusan Gacha Border Fort is located about 3 kilometers west of Wusan Gacha. It is round and covers an area of about 20,600 square meters. The city walls are made of earth, 8 meters in width and 0.6 meters in extant height. The east wall is seriously damaged, and the west wall is preserved well. There is a trench around the fort with 2 meters in width and 0.3 meters in depth.

The Dashimo Gacha Border Fort is located south of the Boundary Entrenchments. It is nearly square, 66 meters in length and 60 meters in width, and covers an area of about 3,960 square meters. The city walls are made of earth, and the wall foundation is 8 meters in width, and the wall is 0.3 meters in extant height. There is a trench around the fort with 5.5 meters in width and 0.2 meters in depth.

The Hairihan Border Fort is located south of the Boundary Entrenchments in Alshan Baolige Gacha, Dalai Sumu, and 300 meters west of the Hairihan Mountain. It covers an area of 15,800 square meters. There is an inner city surrounded by an outer city, that is square, with a side length of 43 meters and an area of 1,849 square meters. The city walls are made of earth, with 1 meter in extant height. There is one east gate, 7 meters in width. The outer city is round with a diameter of 142 meters. The wall foundation is 6 meters in width and the wall is 0.1 meters in extant height.

The Herimut South Border Fort and Herimut North Border Fort are located in the area of Buldun Gacha, Hulun Town. The former is square with a side length of 44 meters. There is a barbican in the south, 9 meters in length and 8 meters in width. There is a trench around the fort, 5 meters in width and 0.4 meters in depth. The total area is about 2,008 square meters. The city walls are made of earth, 9 meters in width and about 2.5 meters in extant height, which are preserved well. The latter has an inner city surrounded by an outer city and is built of earth. It covers an area of about 22,100 square meters. The inner city is square and one of its corners is connected to the outer city's wall. Both the length and width are 55 meters. The wall foundation is 10 meters in width and 1 meter in extant height. There is one east gate, 6 meters in width. The outer city is round and with a diameter of 167.5 meters. The wall foundation is 5 meters in width and the wall is 0.4 meters in extant height. There is one east gate, 7 meters in width.

In the middle of the 13th century, emperor Taizong of the Yuan Dynasty Ögedei

[8] Compiled by Li Yiyou, *Famous Historical Cities in Inner Mongolia*, People's Publishing House of Inner Mongolia, 1993, p. 129.

Khan's son Kuoduan sent troops into Tibet. Tibetan Buddhism established a close relationship with the Mongol aristocracy. After pledging allegiance to the Yuan, the relationship between them became closer and closer, but Tibetan Buddhism was not widely spread among ordinary people. After the establishment of the Ming Dynasty, the influence of Tibetan Buddhism in Mongol society gradually weakened. However, since Altan Khan brought it into Mongol society, it gradually became a dominant religion with increasing influences in decades. In the Qing Dynasty, with the support and encouragement of the Qing government, it developed further, and had an unprecedented scale and innumerable believers. There is one extant Tibetan Buddhism temple of the Qing Dynasty and four temple sites in Xin Barag Right Banner.

The relatively well-preserved Daxipengsige Temple, commonly known as the "West Temple", is in Alshan Sumu, 9.1 kilometers west of Alatan Emole Town. It was built in the 6th year of Tongzhi (1867), repaired and expanded twice later. There is one main hall and two side halls of east and west in the temple, covering an area of 9,212 square meters. It is the largest extant temple in the whole banner. In 1991, it was declared to be the major historical and cultural site placed under Autonomous Region protection. The Tibetan scriptures, Buddha statues and some other objects collected in the temple are precious cultural relics of Tibetan Buddhism.

The Adun Chulu West Temple site of the Qing Dynasty found during the Third National Survey of Cultural Relics are located about 1.1 kilometers west of Azhar Saud Town (former Ardun Chulu Sumu). There are 18 extant architectural foundations with an area of 80,774.3 square meters, and some of them used to be courtyards. The largest courtyard foundation is 43 meters long and 24 meters wide, and the gate is 6.5 meters wide. The roadbed in the courtyard is preserved relatively well. There are many bricks and stones and a few ceramic sherds.

The Chaganor Temple site of the Qing Dynasty is a new discovery during the archaeological field survey in Xin Barag Right Banner, organized by the project office of the "Comprehensive Research on Mongol Origin and Imperial Mausoleums of the Yuan Dynasty". The temple site is located near Bajindelhala Aobao of Sarula Gacha, on the south bank of the Kherlen River. It covers an area of about 1,200 square meters and has many extant architectural foundations. The largest one is a courtyard foundation, with one architectural foundation each on the east and west, and stones and ceramic sherds scattered on the ground surface.

Shamanism, which advocated "animism", was once the main religion in Mongol society. After it was replaced by Tibetan Buddhism, some of its spiritual cores were still preserved. Aobao is regarded as a symbol of gods in the universe and offering sacrifices to Aobao is the concentrated embodiment of "animism".

There are Baogede-Ula Aobao, Baiyin Uliji Aobao and others of the Qing Dynasty in Xin Barag Right Banner. The Baogede-Ula Aobao site is one of the most famous Aobao in Hulunbuir and even in Inner Mongolia. "Baogede-Ula" is transliterated from Mongolian, which means the "Sacred Mountain" or "Holy Mountain". On the 13th day of the 5th month and the 3rd day of the 7th month of the lunar calendar every year, herdsmen on the grassland hold grand folk sacrificial events on the Baogede-Ula Mountain. The event is presided over by an eminent monk, followed by traditional Mongols competitions such as wrestling, horse racing and archery.

In conclusion, the Hulunbuir grassland, including the Xin Barag Right Banner, is vast with abundant water resources and grasses. It is the historical cradle of many northern nomadic ethnic groups in ancient China. Since the pre-Qin and Han dynasties, ethnic groups of the Donghu, Xiongnu, Xianbei, Tujue, Huihe, Qidan, Nüzhen, Shiwei and Mongol lived and multiplied on this grassland one after another. They exchanged and integrated with the farming people in the Central Plains and other surrounding ethnic groups for a long time, which had played a significant role in the formation and development of the Chinese national community and the historical evolution of China as a unified multi-nationality country.

宝格德乌拉山（苏德夫摄）
The Baogede-Ula Mountain (photographed by Sudeful)

克鲁伦河（吴玉明摄）
The Kherlen River (photographed by Wu Yuming)

阿敦础鲁，意为"马群石"（苏德夫摄）
Adun Chulu (Stone Horses), photographed by Sodhun

冬日里的呼伦湖（苏德夫摄）
The Hulun Lake in Winter (photographed by Sodhuu)

呼伦湖的成吉思汗"拴马桩"（苏德夫摄）
The Genghis Khan's Hitching Post in the Hulun Lake (photographed by Sodhuu)

夏日里的贝尔湖 (吴玉明摄)
The Buir Lake in Summer (photographed by Wu Yuming)

五月的宝格德乌拉山 (吴玉明摄)
The Baogede-Ula Mountain in May (photographed by Wu Yuming)

巴尔虎草原上的羊群（苏德夫摄）
Sheep on the Barag Grassland（photographed by Sudefu）

巴尔虎草原上的山韭花（吴玉明摄）
Mountain Leek Flowers on the Barag Grassland (photographed by Wu Yuming)

宝格德乌拉山（吴玉明摄）
The Baogede-Ula Mountain (photographed by Wu Yuming)

巴尔虎蒙古人乘坐奥登车（"奥登"是蒙古语，汉语译为"短"，这种车轻便快捷。苏德夫摄）
Barag People Taking an *Oden* Cart (*Oden* is transliterated from Mongolian, which means short. This kind of cart is light and fast. Photographed by Sodhuu)

图版
PLATES

图版目录 Contents of Plates

新巴尔虎右旗风土人情 /
Local Customs and Practices in Xin Barag Right Banner

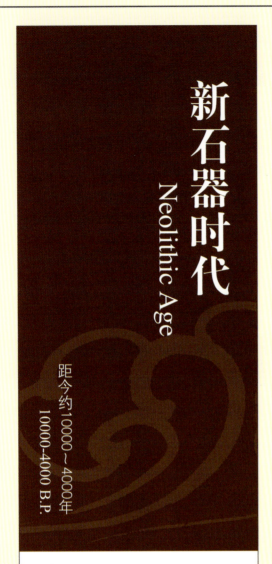

新石器时代
Neolithic Age

距今约10000～4000年
10000-4000 B.P.

在新巴尔虎右旗发现有4处新石器时代遗址，分别是成田关洞穴遗址、杭乌拉遗址、查干诺尔遗址、老河口遗址，采集到刮削器、石叶、石核、石斧、石镞、石刀、圆形有孔石器、骨鱼镖等遗物。这些发现为深入了解呼伦贝尔地区新石器时代的文化面貌提供了重要的实物资料。

Four Neolithic sites have been found in Xin Barag Right Banner, including the Chengtianguan Cave Site, the Hang-Ula Site, the Chaganor Site, and the Laohekou Site. Lithic tools such as scrapers, blades, cores, axes, arrowheads, knives, perforated round tools, bone tools like fishing darts and other artifacts have been collected in those sites. These discoveries provide significant materials for an in-depth understanding of the cultural landscape of the Neolithic Age in Hulunbuir Region.

■ 成田关洞穴遗址
Chengtianguan Cave Site

成田关洞穴遗址位于新巴尔虎右旗阿拉坦额莫勒镇西南约5.3公里处。洞口呈半圆形，直径约1.5米，进深约3.8米。洞内堆积土厚约0.7米，洞内面积约10平方米。在洞穴附近采集到石核、石叶、刮削器、玛瑙珠饰等遗物。

成田关洞穴遗址全景（由东北向西南摄）
A Panorama of Chengtianguan Cave Site (photographed southwestward)

成田关洞穴遗址洞口（由北向南摄）
The Entrance to Chengtianguan Cave Site (photographed southward)

■ 老河口遗址
Laohekou Site

老河口遗址位于新巴尔虎右旗阿拉坦额莫勒镇东庙嘎查东约2公里处，克鲁伦河汇入呼伦湖的岸边，面积约1万平方米。地表采集到素面夹砂陶片、石核、石片、石叶、刮削器、钻孔石饰等遗物。

老河口遗址外景（由西北向东南摄）
Exterior Scenes of Laohekou Site (photographed southeastward)

老河口遗址地表遗物
Artifacts on the Surface of Laohekou Site

石镞
Stone Arrowhead

新石器时代
长5.4、宽1.3、厚0.4厘米
Neolithic Age
Length 5.4cm, Width 1.3cm, Thickness 0.4cm

小天山石板墓群遗址采集
| 巴尔虎博物馆藏

　　玛瑙质，白色，微透明。器体细长，平面呈柳叶状，中部起脊，两侧渐薄。前锋尖锐，两翼较窄，刃部有锯齿状使用痕迹。

石叶
Stone Blade

新石器时代
长1.6、宽1.1、厚0.2厘米
Neolithic Age
Length 1.6cm, Width 1.1cm, Thickness 0.2cm

赵钦敖包墓葬遗址采集
| 巴尔虎博物馆藏

　　燧石，呈米白色。器身略呈长方形，一面中部起两道棱脊，向两侧渐薄，另一面平整，顶部尖锐，两侧有明显的锯齿状使用痕迹。

1　　　　　2　　　　　3

刮削器
Stone Scrapers

新石器时代
标本1：长2、宽1.8、厚0.5厘米；
标本2：长1.6、宽1.8、厚0.5厘米；
标本3：长1.7、宽1.3、厚0.4厘米
Neolithic Age
1. Length 2cm; Width 1.8cm; Thickness 0.5cm
2. Length 1.6cm; Width 1.8cm; Thickness 0.5cm
3. Length 1.7cm; Width 1.3cm; Thickness 0.4cm

阿拉坦额莫勒镇克鲁伦河北岸雷达山附近采集
| 巴尔虎博物馆藏

　　3件，均为燧石。
　　标本1，灰绿色，平面呈不规则形状，一端窄平，另一端残断，一面留有压剥痕迹，另一面较光滑，向两侧渐薄。刃部有明显的使用痕迹。
　　标本2，黄褐色，平面近梯形，顶端窄平，向下渐宽，下端残断。刃部留有使用痕迹，较钝，一侧刃部略有残损。
　　标本3，米白色，平面近长方形，两端残断，一面中部起两条棱脊，留有压剥痕，另一面较平整。一侧平直，另一侧略外弧，刃部有锯齿状使用痕迹。

刮削器
Stone Scraper

新石器时代
长3.2、宽1.7、厚0.5厘米
Neolithic Age
Length 3.2cm, Width 1.7cm, Thickness 0.5cm

阿拉坦额莫勒镇克鲁伦河北岸雷达山附近采集
巴尔虎博物馆藏

　　燧石质，黄褐色。平面近三角形，一面中部起两条脊线，另一面较平，中部略内凹。两侧刃部锋利，刃略残，有使用痕迹。

1　　　　2　　　　3　　　　4

5　　　　6　　　　7　　　　8

刮削器
Stone Scrapers

新石器时代
标本1：长2.4、宽2.5、厚0.7厘米；
标本2：长2.7、宽2.4、厚1厘米；
标本3：长3.6、宽2.1、厚0.5厘米；
标本4：长4、宽1.9、厚1厘米；
标本5：长1.6、宽0.9、厚0.2厘米；
标本6：长3.4、宽2.4、厚0.9厘米；
标本7：长2.3、宽1.7、厚0.8厘米；
标本8：长3.5、宽1.8、厚0.7厘米
Neolithic Age
1. Length 2.4cm, Width 2.5cm, Thickness 0.7cm
2. Length 2.7cm, Width 2.4cm, Thickness 1cm
3. Length 3.6cm, Width 2.1cm, Thickness 0.5cm
4. Length 4cm, Width 1.9cm, Thickness 1cm
5. Length 1.6cm, Width 0.9cm, Thickness 0.2cm
6. Length 3.4cm, Width 2.4cm, Thickness 0.9cm
7. Length 2.3cm, Width 1.7cm, Thickness 0.8cm
8. Length 3.5cm, Width 1.8cm, Thickness 0.7cm

杜热图山杜热图石板墓群采集
巴尔虎博物馆藏

　　8件，均为燧石。
　　标本1，青白色，石皮呈浅黄褐色，平面近梯形，两端斜平，一面中部起一道棱脊，向两侧渐薄，另一面平整。刃部有明显的使用痕迹。
　　标本2，浅红褐色，平面近椭圆形，一面中部凸起，向四周渐薄，有明显的压剥痕迹，另一面较平直。刃部锋利，有锯齿状使用痕迹。
　　标本3，青白色，平面近扇形，一面平整，另一面有压剥痕迹。刃部锋利，有锯齿状使用痕迹。
　　标本4，青白色，平面呈不规则形状，两端外凸，一面较平整，另一面中部起两道棱脊，有明显的压剥痕迹。两侧斜直，刃部锋利。
　　标本5，黄褐色，平面近三角形，一端平齐，另一端呈尖锥状，两面均有明显的压剥痕迹。两侧斜直，刃部锋利，有锯齿状使用痕迹。
　　标本6，青白色，平面呈不规则形状，一面较平整，另一面中部起一道棱脊，周围有明显的压剥痕迹。一侧外弧，另一侧内凹，刃部锋利。
　　标本7，青白色，平面近梯形，一面较平整，另一面中部起一道棱脊，向两侧渐薄。刃部锋利，有锯齿状使用痕迹。
　　标本8，黑褐色，平面近椭圆形，一面较平整，另一面有明显的压剥痕迹。两侧外弧，刃部锋利，有曲齿状使用痕迹。

刮削器
Stone Scraper

新石器时代
长4.6、宽2.8、厚0.2厘米
Neolithic Age
Length 4.6cm, Width 2.8cm, Thickness 0.2cm

杜热图山杜热图石板墓群采集
巴尔虎博物馆藏

　　燧石，灰白色。平面近梯形。一面留有压剥痕，起三条不规则脊线，另一面较光滑。两侧略斜直，刃部留有锯齿状使用痕迹。

刮削器
Stone Scraper

新石器时代
长4.1、宽2.9、厚0.8厘米
Neolithic Age
Length 4.1cm, Width 2.9cm, Thickness 0.8cm

杜热图山杜热图石板墓群采集
巴尔虎博物馆藏

　　玛瑙质，黄褐色。一面起脊，有明显的压剥痕迹，另一面较平略内凹。两侧外弧，刃部锋利，有曲齿状使用痕迹。

刮削器
Stone Scrapers

新石器时代
标本1：长3.1、宽0.8、厚0.6厘米；
标本2：长3.1、宽2.1、厚0.6厘米；
标本3：长3.6、宽2.5、厚0.8厘米
Neolithic Age
1. Length 3.1cm; Width 0.8cm; Thickness 0.6cm
2. Length 3.1cm; Width 2.1cm; Thickness 0.6cm
3. Length 3.6cm; Width 2.5cm; Thickness 0.8cm

杜热图山杜热图圆形房址采集
巴尔虎博物馆藏

1　　　　　2　　　　　3

　　3件。
　　标本1，玛瑙质，黄褐色，器体呈长条形，一面中部起一道棱脊，有较多压剥痕迹，另一面平直。刃部锋利，有明显的使用痕迹。
　　标本2，燧石质，深黄褐色，平面呈不规则形状，一面较平整，另一面有压剥痕迹。一侧略斜直，另一侧外凸，刃部留有明显的使用痕迹。
　　标本3，燧石质，红褐色，平面近梯形，器体两端平齐，两面均有较明显的压剥痕迹。刃部外弧，较锋利，有明显的使用痕迹。

刮削器
Stone Scraper

新石器时代
长3、宽2.6、厚1厘米
Neolithic Age
Length 3cm; Width 2.6cm; Thickness 1cm

赵钦敖包墓葬遗址采集
巴尔虎博物馆藏

玉质，墨绿色。平面近梯形，一面有明显的压剥痕迹。两侧斜直，刃部锋利。

1   2   3   4

刮削器
Stone Scrapers

新石器时代
标本1：长2.9、宽2.8、厚1.5厘米；
标本2：长2.3、宽1.9、厚0.8厘米；
标本3：长1.6、宽1.4、厚0.6厘米
标本4：长3.9、宽2.8、厚0.8厘米；
Neolithic Age
1. Length 2.9cm; Width 2.8cm; Thickness 1.5cm
2. Length 2.3cm; Width 1.9cm; Thickness 0.8cm
4. Length 1.6cm; Width 1.4cm; Thickness 0.6cm
3. Length 3.9cm; Width 2.8cm; Thickness 0.8cm

根子墓采集
巴尔虎博物馆藏

4件。

标本1，燧石质，黄褐色，平面近三角形，两面均有压剥痕迹。刃部外弧，留有明显的使用痕迹。

标本2，燧石质，黄褐色，平面近半圆形，一面平整，另一面中部起脊，有较多的压剥痕迹。一端平齐，另一端外弧，刃部锋利。

标本3，蛋白石质，白色，平面近扇形，一端平齐，另一端外弧，两面均有明显的压剥痕迹。刃部锋利，有锯齿状使用痕迹。

标本4，燧石质，深绿色，石皮呈黄褐色，一端斜平，另一端呈外弧状，一面较平整，另一面有明显的压剥痕迹。两侧斜直，刃部有曲齿状使用痕迹。

1　　　　　2　　　　　　3　　　　　　4

刮削器
Stone Scrapers

新石器时代
标本1：长4.8、宽2.9、厚1.1厘米；
标本2：长2.8、宽2.7、厚1.8厘米；
标本3：长3.7、宽1.7、厚1.2厘米；
标本4：长2.4、宽1.3、厚0.3厘米
Neolithic Age
1. Length 4.8cm; Width 2.9cm; Thickness 1.1cm
2. Length 2.8cm; Width 2.7cm; Thickness 1.8cm
3. Length 3.7cm; Width 1.7cm; Thickness 1.2cm
4. Length 2.4cm; Width 1.3cm; Thickness 0.3cm

成田关洞穴遗址采集
巴尔虎博物馆藏

4件。
　　标本1，燧石质，黄褐色，平面呈尖锥状，一面较平整，另一面起一道棱脊，有明显的压剥痕迹。一侧较直，另一侧外弧，刃部留有较多曲齿状使用痕迹。
　　标本2，燧石质，红褐色，平面近三角形，一面中部起两道棱脊，有明显的压剥痕迹，向两侧渐薄，另一面凹凸不平。两侧略直，刃部有明显的使用痕迹。
　　标本3，燧石质，黄褐色，平面呈不规则形状，两面均有较明显的压剥痕迹。一侧平直，较厚，向另一侧渐薄，刃部留有较多曲齿状使用痕迹。
　　标本4，蛋白石质，白色，平面呈尖锥状，一面中部较平，向两侧渐薄，另一面中部起脊，棱脊两侧有明显的压剥痕迹。一侧外弧，另一侧略内弧，刃部留有较多曲齿状使用痕迹。

1　　　　　2　　　　　　3　　　　4
　　　　　　　　　　　　　　　　　　　5

刮削器
Stone Scrapers

新石器时代
标本1：长4.5、宽3.7、厚1.2厘米；
标本2：长4.5、宽2.6、厚0.9厘米；
标本3：长3.1、宽2.6、厚0.9厘米；
标本4：长1.7、宽1.4、厚0.4厘米；
标本5：长7.4、宽3.7、厚1厘米
Neolithic Age
1. Length 4.5cm; Width 3.7cm; Thickness 1.2cm
2. Length 4.5cm; Width 2.6cm; Thickness 0.9cm
3. Length 3.1cm; Width 2.6cm; Thickness 0.9cm
4. Length 1.7cm; Width 1.4cm; Thickness 0.4cm
5. Length 7.4cm; Width 3.7cm; Thickness 1cm

呼伦诺尔嘎查边堡采集
巴尔虎博物馆藏

5件，均为燧石。
　　标本1，浅黄色，平面近梯形，一面较平整，另一面有明显的压剥痕迹。两侧略外弧，刃部锋利。
　　标本2，黄绿色，器体呈长条形，一面平整，另一面中部起一道棱脊，有明显的压剥痕迹。一侧平直，另一侧略外弧，刃部锋利，有锯齿状使用痕迹。
　　标本3，青色，平面近椭圆形，一面中部起脊，向两侧渐薄，另一面平整。刃部锋利，有明显的使用痕迹。
　　标本4，青色，平面近梯形，一面中部起两道棱脊，周围有明显的压剥痕迹，另一面较平整。两侧斜直，刃部锋利。
　　标本5，灰色，平面近椭圆形，一面较平整，另一面有压剥痕迹。两侧外弧，刃部锋利，有曲齿状使用痕迹。

石核
Stone Cores

新石器时代
标本1：长4.8、宽2.2、厚1.9厘米；
标本2：长4、宽1.9、厚1.2厘米；
标本3：长3.3、宽1.7、厚1.5厘米
Neolithic Age
1. Length 4.8cm; Width 2.2cm; Thickness 1.9cm
2. Length 4cm; Width 1.9cm; Thickness 1.2cm
3. Length 3.3cm; Width 1.7cm; Thickness 1.5cm

呼伦诺尔嘎查边堡采集
巴尔虎博物馆藏

1   2   3

  3件，均为燧石。
  标本1，青白色，石皮呈黄褐色，平面近长方形，一端斜平，另一端外凸，两面均有明显的压剥痕迹。一侧平直，较厚，另一侧略外弧。
  标本2，红褐色，器体呈长条形，一面有明显的压剥痕迹，另一面凹凸不平。
  标本3，青色，器体呈锥状，两面均有明显的压剥痕迹。两侧斜直。

石核
Stone Cores

新石器时代
标本1：长4.5、宽2.5、厚1.8厘米；
标本2：长4.5、宽1.5、厚1厘米
Neolithic Age
1. Length 4.5cm; Width 2.5cm; Thickness 1.8cm
2. Length 4.5cm; Width 1.5cm; Thickness 1cm

阿拉坦额莫勒镇采集
巴尔虎博物馆藏

1   2

  2件，均为燧石。
  标本1，黄褐色，整体呈舌状。正面有4道凸棱，有明显的压剥痕迹，背面有7道凸棱，较规整。器体由一端向另一端渐窄、渐薄。
  标本2，浅红褐色，整体呈不规则长条状，正面凹凸不平，背面较平整，纹理清晰，有层次感。

1　　　　2　　　　3

石核
Stone Cores

新石器时代
标本1：长3.4、宽1.8、厚1.7厘米；
标本2：长3.6、宽2.2、厚1.1厘米；
标本3：长4、宽1.7、厚0.7厘米
Neolithic Age
1. Length 3.4cm; Width 1.8cm; Thickness 1.7cm
2. Length 3.6cm; Width 2.2cm; Thickness 1.1cm
3. Length 4cm; Width 1.7cm; Thickness 0.7cm

罕乌拉庙址、策策格乐嘎查采集
巴尔虎博物馆藏

　　3件，均为燧石。
　　标本1，黄褐色，器体近锥状，一端平直，另一端呈尖刃状，两面均有明显的压剥痕迹。一侧外弧，另一侧外凸。
　　标本2，米白色，平面呈不规则形状，一面起多道棱脊，另一面上部较平整，两面均有明显的压剥痕迹。一侧斜直，较厚。
　　标本3，米白色，平面近三角形，两面中部均起棱脊，有明显的压剥痕迹，向两侧渐薄。一侧外弧，另一侧偏上位置凸起。

石核
Stone Core

新石器时代
长3.2、宽2、厚1.3厘米
Neolithic Age
Length 3.2cm; Width 2cm; Thickness 1.3cm

查干诺尔庙址采集
巴尔虎博物馆藏

　　燧石，浅褐色，石皮呈乳白色。整体呈不规则四边形，表面有明显的压剥痕迹。

1　　　　2　　　　3

石核
Stone Cores

新石器时代
标本1：长3、宽2.6、厚1.4厘米；
标本2：长3、宽2.1、厚1.7厘米；
标本3：长4.6、宽3.8、厚0.8厘米
Neolithic Age
1. Length 3cm; Width 2.6cm; Thickness 1.4cm
2. Length 3cm; Width 2.1cm; Thickness 1.7cm
3. Length 4.6cm; Width 3.8cm; Thickness 0.8cm

根子墓采集
巴尔虎博物馆藏

　　3件，均为燧石。
　　标本1，红色，平面近椭圆形，一端平齐，另一端呈尖弧状，两面均起脊，有明显的压剥痕迹，两侧外弧。
　　标本2，黄绿色，平面近长方形，器体较厚，两面均有明显的压剥痕迹。
　　标本3，黄绿色，平面近扇形，一面平整，另一面有明显的压剥痕迹，一侧斜直，另一侧略外弧。

石核
Stone Core

新石器时代
长2.8、宽2.7、厚1.7厘米
Neolithic Age
Length 2.8cm; Width 2.7cm; Thickness 1.7cm

成田关洞穴遗址采集
巴尔虎博物馆藏

　　燧石，墨绿色。平面近三角形，一侧中部起两道棱脊，有明显的压剥痕迹，另一面较平，顶部有压剥痕迹，底端向另一端渐薄，一侧平直，较厚，另一侧外弧。

石刀
Stone Knife

新石器时代
长11、宽6.2、厚0.2～1.2厘米
Neolithic Age
Length 11cm; Width 6.2cm; Thickness 0.2～1.2cm

采集
巴尔虎博物馆藏

　　变质岩，黄褐色。整体略呈梯形，上下两端斜平，一端有明显的断裂痕，正面中部有一道脊线。刀背平直且厚，从脊线到刃部渐薄，刃部有因使用造成的凹缺。

石斧
Stone Axe

新石器时代
长9.5、宽4.8、厚2.2厘米
Neolithic Age
Length 9.5cm; Width 4.8cm; Thickness 2.2cm

呼伦诺尔嘎查边堡采集
巴尔虎博物馆藏

　　燧石，青黑色。正面有压剥痕迹，边缘渐薄，刃部锋利，背面有明显的修理痕迹。

1   2

石磨棒
Grinding Rods

新石器时代
标本1：长18、直径6.1厘米；
标本2：长22.5、直径5.1厘米
Neolithic Age
1. Length 18cm; Diameter 6.1cm;
2. Length 22.5cm; Diameter 5.1cm

克鲁伦河大桥西南采集
巴尔虎博物馆藏

2件。均为砂岩，磨制，柱状体，通体呈灰黄色。
标本1，表面凹凸不平，两端残损。
标本2，表面光滑，一端呈圆弧状，另一端残损。器表有部分自然坑点。

圆形有孔石器
Perforated Round Lithic Tool

新石器时代
长21.8、宽18.4、孔径2.5、厚2.1～4.5厘米
Neolithic Age
Length 21.8cm; Width 18.4cm; Hole Diameter 2.5cm;
Thickness 2.1～4.5cm

阿拉坦额莫勒镇克鲁伦河北岸雷达山附近采集
巴尔虎博物馆藏

砂岩，灰色。器体呈扁平椭圆形，两面均凹凸不平，边缘为圆弧形，有磨制、琢制痕迹，中部有对钻的圆孔。

圆形有孔石器
Perforated Round Lithic Tool

新石器时代
直径17~19.5、孔径5.5、厚9.5厘米
Neolithic Age
Aiameter 17~19.5cm; Hole Diameter 5.5cm;
Thickness 9.5cm

阿拉坦额莫勒镇克鲁伦河北岸雷达山附近采集
巴尔虎博物馆藏

　　火成岩，红褐色。平面呈近圆形，体厚，
略扁平，中间有对钻的圆孔。

骨鱼镖
Bone Fishing Darts

新石器时代
标本1：长11.8、宽1.9厘米；
标本2：长9.8、宽2.3厘米
Neolithic Age
1. Length 11.8cm; Width 1.9cm
2. Length 9.8cm; Width 2.3cm
阿拉坦额莫勒镇西南克鲁伦河河岸采集
巴尔虎博物馆藏

　　2件。均呈灰褐色，长条状，表面磨光。
　　标本1，头端较尖，两侧分别有一个倒刺和
两个倒刺；尾端较圆，两侧各有一倒刺。
　　标本2，两头均呈尖状，两端各有两个倒刺。

1　　　　　　2

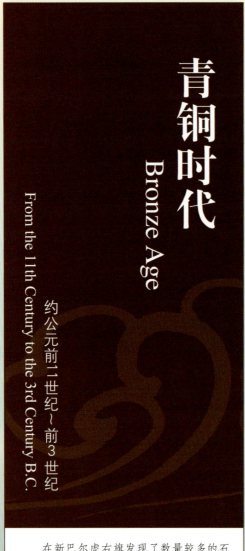

青铜时代
Bronze Age

From the 11th Century to the 3rd Century B.C.

约公元前11世纪～前3世纪

在新巴尔虎右旗发现了数量较多的石板墓群，多分布在河湖沿岸以及山地缓坡处，墓群内部多有分区，有一定的排列顺序。墓葬平面多呈方形、长方形、梯形，在墓壁四周竖立石板。墓向多为东西向。随葬品常见陶器、玉石器、蚌器以及牛、马、羊的头骨。这类石板墓与亚欧草原东部的石板墓文化关系密切。

A large number of slate tomb cemeteries have been found in Xin Barag Right Banner, mostly distributed along rivers, lakes and mountain slopes. The tombs are distributed in a certain order in the cemetery where are separated into different zones. The tombs are mostly square, rectangular and trapezoidal in a plan view. There are several slates erected around the tomb wall. Most tombs are oriented from east to west. The funerary objects are commonly potteries, artifacts made of stone, jade and clamshell and the skulls of cattle, horses and sheep. There is a close cultural correspondence between the slate tombs here and which in the eastern Eurasian steppes.

呼伦贝尔地区石板墓的基本情况
The Brief Information about Slate Tombs in Hunlunbuir Area

　　呼伦贝尔地区分布着数量可观的石板墓，其中新巴尔虎右旗以哈尼哈达石板墓群、诺伊坦希博图石板墓群、布尔敦山石板墓群、额尔敦山石板墓群、德乌拉石板墓群、哈乌拉石板墓群、小天山石板墓群较为重要。另外，石板墓在新巴尔虎左旗、陈巴尔虎旗等地也有分布。

　　根据呼伦贝尔地区现有的发掘资料，发现石板墓多分布在河湖沿岸以及山地缓坡处，墓群内部多有分区，且有一定的排列顺序。大多数墓葬平面呈长方形、方形，少数为梯形、亚腰形。墓葬的修筑方法大致为先挖出较浅的墓圹，在圹底向下挖出仅容死者躯体的墓坑。将死者放置于墓坑底部，用石板覆盖其上。然后紧贴墓圹四壁竖立石板，在石板内外两侧垒石加固，形成石壁。之后在石壁内堆砌石块，略高于地表。有些墓葬在石壁的四角立有高大的角石，在墓葬东侧不远处立有石柱或石碑。墓向多为东西向，葬式多为仰身直肢。随葬品常见陶器、玉石器、蚌器等。另外值得注意的是，石板墓还常殉葬有马、牛、羊的头骨。

国外石板墓研究现状
The Study Situation about Slate Tombs in Foreign Countries

石板墓作为一种独特的墓葬形制，是欧亚草原分布广泛且具有特色的一种文化遗存，在我国内蒙古自治区、蒙古国、俄罗斯南西伯利亚以及外贝加尔地区均有分布。随着调查、发掘资料的不断丰富，学界对石板墓的类型、随葬品、年代等问题进行了深入的探讨。但在石板墓的渊源、传播和族属等问题上，并没有形成统一的认识。

石板墓根据外部结构特征的差异可分为三类：第一类，在石壁的转角处立有高大的角石；第二类，低矮的石壁内堆砌有石块；第三类，石壁向内凹弧呈现亚腰形。此外，还有一种石壁高于地表、没有角石的石板墓。

从蒙古国与俄罗斯外贝加尔湖地区的考古资料来看，石板墓出土的随葬品较为复杂，主要有日用器具、装饰品、工具、武器等。另外，随葬动物骨骼是石板墓的显著特点之一。有超过三分之一的石板墓中随葬有动物骨骼，主要为马、牛、羊的头骨、腿骨、肩胛骨等。结合民俗学的研究成果，动物的头骨可能是祭祀仪式的祭品，而其他部位的骨骼可能是宴会食用后的残留。

关于石板墓的年代，以往的观点可分为狭义与广义两种。前者认为其属于斯基泰-塔加尔时期，但最早的石板墓年代可上溯至拉苏克时代末期，最晚可到匈奴文化兴起的初期。持后一种观点的学者认为，该文化的年代约为公元前2千纪中期，最早可至青铜时代早期，最晚可到匈奴时代甚至更晚。俄罗斯学者策比克洛夫通过研究具有年代特征的出土物、随葬品组合以及葬仪的特点，并结合测年数据，认为石板墓的年代为青铜时代晚期至早期铁器时代（公元前13~前6世纪）。

关于石板墓的起源问题众说纷纭，主要有中国东北地区青铜时代移民说、蒙古国及俄罗斯外贝加尔地区青铜时代早期文化起源说、卡拉苏克文化影响说等，目前尚未形成统一认识。此外，石板墓文化的流向问题亦有待解决。

哈尼哈达石板墓群
Hani Hada Slate Tomb Cemetery

　　哈尼哈达石板墓群位于新巴尔虎右旗克尔伦苏木克尔伦嘎查，分布于克鲁伦河西岸约100米处的二级台地上。遗址面积约为48400平方米，石板墓可分东西两区。石板墓平面多呈长方形，东西向，大小不一。在西区墓地存在着十余座墓葬相连的特殊形式。

哈尼哈达石板墓群（由东南向西北摄）
Hani Hada Slate Tomb Cemetery (photographed northwestward)

哈尼哈达石板墓群局部，远处是
克鲁伦河（由西向东摄）
Parts of Hani Hada Slate Tomb Cemetery
and the Kherlen River in a Distant View
(photographed eastward)

哈尼哈达石板墓（由东向西摄）
Hani Hada Slate Tomb (photographed
westward)

哈尼哈达石板墓（由东向西摄）
Hani Hada Slate Tomb (photographed
westward)

哈乌拉石板墓群
Hawula Slate Tomb Cemetery

　　哈乌拉石板墓群位于新巴尔虎右旗呼伦镇东南约12.3公里处的哈乌拉山，东距呼伦湖约13公里。遗址面积约为22000平方米，墓地分布在哈乌拉山的东西两侧山坡上，据此可划分为东西两区。石板墓形制相似，均为用石板竖立，围成露出地表的石壁。大部分石板墓有角石以及碑状立石。墓向多为东西向，人骨保存较差，葬式难辨，可能存在二次葬。出土了夹砂黄褐陶片、蚌刀、辉石珠等遗物。

哈乌拉有碑状立石的石板墓（由东北向西南摄）
Hawula Slate Tombs with Stele-shaped Stones (photographed southwestward)

哈乌拉石板墓群东区航拍（由南向北摄）
An Aerial View of the Eastern District of Hawula Slate Tomb Cemetery (photographed northward)

哈乌拉石板墓（由东向西摄）
Hawula Slate Tomb (photographed westward)

哈乌拉石板墓（由东向西摄）
Hawula Slate Tomb (photographed westward)

哈乌拉石板墓群上方航拍
An Aerial View above Hawula Slate Tomb Cemetery

布尔敦山石板墓群
Buldun Mountain Slate Tomb Cemetery

　　布尔敦山石板墓群位于新巴尔虎右旗达赉苏木南约2公里处的布尔敦山，遗址面积约为6100平方米。2019年，内蒙古自治区文物考古研究所、呼伦贝尔博物院在此发掘石板墓7座，呈南北向分布。其中M2~M4墓葬结构较为特殊，由北向南并列而建，规模依次递减。M2规模最大，为双人异穴合葬，在堆填的石板层东部发现了马、羊的头骨碎片。在被扰动的填土中发现夹砂灰褐陶片、石臼、蚌壳、滑石珠以及绿松石珠等遗物。M3也被扰动，在墓室的东侧发现5个殉葬的马头骨。M4规模最小，在填土中发现少量夹砂陶片。

布尔敦山石板墓群中的M4、M3、M2（由东南向西北摄）
M4, M3 and M2 in the Buldun Mountain Slate Tomb Cemetery (photographed northwestward)

表土清理后的石板墓（从左向右是M4、M3、M2）
The Slate Tombs after Topsoil Cleared (M4, M3 and M2 from left to right respectively)

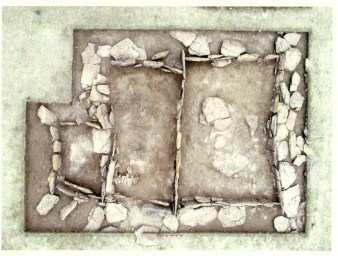

填石层清理后的石板墓（从左向右是M4、M3、M2）
The Slate Tombs after Filling Rock Layer Cleared (M4, M3 and M2 from left to right respectively)

布尔敦山石板墓群局部（由东南向西北摄）
Parts of the Buldun Mountain Slate Tomb Cemetery (photographed northwestward)

青铜时代 | BRONZE AGE

额尔敦山石板墓群
Erdun Mountain Slate Tomb Cemetery

额尔敦山石板墓群位于新巴尔虎右旗阿拉坦额莫勒镇西北约14公里的额尔敦山，遗址面积约为77200平方米。石板墓由北向南可分为4个区域，共有63座。每座石板墓虽然规模大小不一，但形制大体相同。墓葬平面多呈长方形，在石壁的四角立有角石，部分墓葬东侧有碑状立石。葬式均为单人仰身直肢葬，在此出土了夹砂褐陶花边口沿折肩罐、石矛、玛瑙珠以及马、羊的骨骼。

额尔敦山石板墓群1区的石板墓（由东向西摄）
Slate Tombs in District I of the Erdun Mountain Slate Tomb Cemetery
(photographed westward)

额尔敦山石板墓群2区远景（由西南向东北摄）
A Distant View of District II in the Erdun Mountain Slate Tomb Cemetery (photographed northeastward)

额尔敦山石板墓群 2 区的石板墓（由东向西摄）
Slate Tombs in District II of the Erdun Mountain Slate Tomb
Cemetery (photographed westward)

额尔敦山石板墓群 3 区石板墓前的碑状立石（由西南向东北摄）
Stele-shaped Stones in front of Slate Tombs in District III of the Erdun
Mountain Slate Tomb Cemetery (photographed northeastward)

额尔敦山石板墓群 4 区的石板墓（由东北向西南摄）
Slate Tombs in District IVof the Erdun Mountain Slate Tomb
Cemetery (photographed southwestward)

清理表土之后的 4 区石板墓
Slate Tombs after Topsoil Cleared in District IV

诺伊坦希博图石板墓群（由东向西摄）
Neutanhibotu Slate Tomb Cemetery (photographed westward)

诺伊坦希博图石板墓群
Neutanhibotu Slate Tomb Cemetery

　　诺伊坦希博图石板墓群位于新巴尔虎右旗阿日哈沙特镇劳动嘎查，遗址面积约为1050平方米。墓葬平面呈长方形，有些墓的东侧立有经过处理的近似半圆形的石碑。在该墓群北部有两排南北走向的石堆，每排均有9座，而且石堆的间距大致相当，约为80厘米。在两行石堆的南侧还有一个由5块石头组成的石圈。石堆、石圈遗存可能具有祭祀功能。

诺伊坦希博图石板墓群北部的石堆遗存
Stone Pile Remains in the Northern Neutanhibotu Slate Tomb Cemetery

诺伊坦希博图石板墓群附近的石堆遗存（由东南向西北摄）
Stone Pile Remains near Neutanhibotu Slate Tomb Cemetery (photographed northwestward)

诺伊坦希博图石板墓群附近的石堆遗存（由南向北摄）
Stone Pile Remains near Neutanhibotu Slate Tomb Cemetery (photographed northward)

德乌拉墓群中规模最大且有碑状立石的石板墓（由东北向西南摄）
The Largest Slate Tomb with Stele-Shaped Stones in De-Ula Cemetery (photographed southwestward)

德乌拉墓群中一座被盗的石板墓（由东向西摄）
A Stolen Slate Tomb in De-Ula Cemetery (photographed westward)

德乌拉山远景（由南向北摄）
A Distant View of the De-Ula Mountain (photographed northward)

德乌拉墓群中的一座石板墓（由东向西摄）
A Slate Tomb in De-Ula Cemetery (photographed westward)

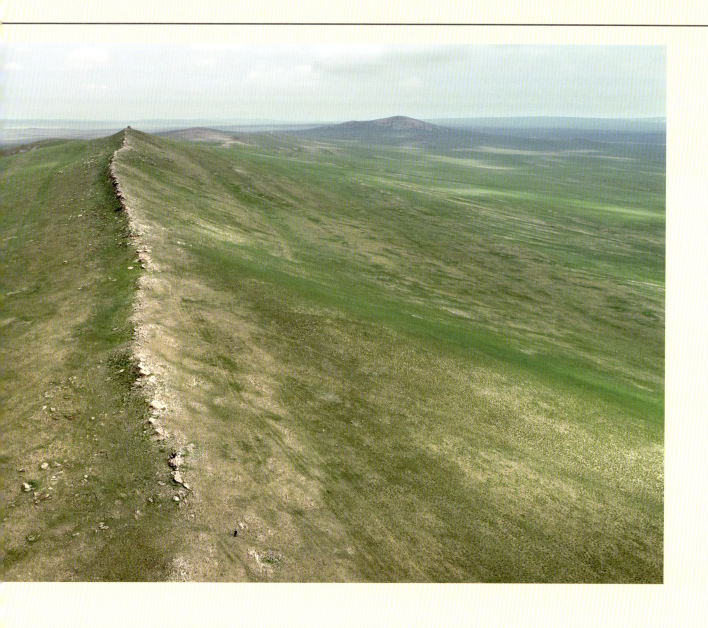

德乌拉石板墓群
De-Ula Slate Tomb Cemetery

　　德乌拉石板墓群位于新巴尔虎右旗呼伦镇达石莫格嘎查附近的德乌拉山上，遗址面积约为51.8万平方米。该墓地共有石板墓145座，分布在德乌拉山的东西两侧山坡上，据此可划分为东西两区。在东区有25座墓葬呈南北纵向分布，相连排列。面积较大的墓葬，多在四角立有高大的角石。最大的一座墓葬长约6.7米，宽约4米，在该墓东侧14米处竖有一块经过打磨的碑状立石，石碑高90厘米，宽50厘米。

小天山石板墓群航拍（由东南向西北摄）
An Aerial View of Xiao Tianshan Slate Tomb Cemetery (photographed northwestward)

小天山石板墓群
Xiao Tianshan Slate Tomb Cemetery

　　小天山石板墓群位于新巴尔虎右旗呼伦镇呼伦诺尔嘎查附近的小天山上，遗址面积约4400平方米。墓葬分布在小天山东侧缓坡地带，共有35座石板墓。墓葬大小不一，其中最大的一座墓长4.2米，宽3.3米；最小的一座墓长2米，宽1.4米。墓葬平面均为长方形，其中一些石板墓的东侧竖有碑状立石。

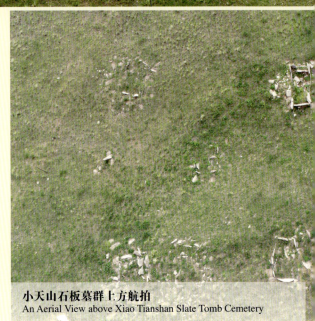

小天山石板墓群上方航拍
An Aerial View above Xiao Tianshan Slate Tomb Cemetery

小天山石板墓群中最大的一座墓（由东南向西北摄）
The Largest Tomb in Xiao Tianshan Slate Tomb Cemetery (photographed northwestward)

小天山石板墓（由东南向西北摄）
Xiao Tianshan Slate Tombs (photographed northwestward)

小天山石板墓群中竖有碑状立石的石板墓（由东向西摄）
Slate Tombs with Stele-shaped Stones in Xiao Tianshan Slate Tomb Cemetery (photographed westward)

太阳纹石板
Slate with Sun pattern

青铜时代
长63.5~71、宽 43~49、厚15~27厘米
Bronze Age
Length 63.5-71cm; Width 43-49cm; Thickness
15-27cm

呼德勒木日石板墓群采集
巴尔虎博物馆藏

　　砂岩，正面呈红褐色，背面颜色不均。平面近长方形，体厚，正背两面较平。中部偏下由中心向外刻9道半圆形凹槽，其下琢制一道横向浅凹槽，且横槽较宽。表现的内容为从地平线冉冉升起的太阳，光芒放射天际，显示出先民对太阳的崇拜。

　　呼德勒木日石板墓群与新巴尔虎右旗已经发掘的哈乌拉、布尔敦山、额尔敦山石板墓形制相同，平面呈长方形，四角立石，在东西两端放有石条或竖有石板，有些墓葬在东侧不远处还有碑状立石。呼德勒木日石板墓群的形制、出土遗物与蒙古高原东部青铜时代至早期铁器时代的石板墓相似。因此，太阳纹石板的年代应为青铜时代至早期铁器时代。

　　石板墓近旁竖立的石柱或石板是墓葬的重要组成部分。因其上刻有以鹿为主的动物形象，故俗称"鹿石"。太阳纹石板采集于石板墓的附近，应与鹿石的功能类似。虽然鹿石中并未发现与太阳纹石板相似的图案，但是有较多太阳形象，且一般以带有三角形射线的圆圈以及其下的横线或串点组成，其中的三角形射线被认为是太阳散发的光芒。

　　史前岩画中的太阳形象多以圆圈、圆圈内加点、圆圈外加芒线、多重圆圈外加芒线等形式出现，与太阳纹石板上的形象相似。例如，乌兰察布岩画用圆圈中加点以及同心圆的形象来表示太阳，阴山岩画用圆形、圆形加点以及圆形外加射线表示太阳。太阳纹石板中太阳的形象或与内蒙古地区的岩画有关。无论是太阳纹石板还是内蒙古地区岩画的太阳形象，都反映了古代北方地区存在的太阳崇拜，这种太阳崇拜现象在我国新石器时代的一些考古学文化中也有发现。呼伦贝尔地区纬度较高，年均气温较低，太阳对于当地先民的生产和生活影响巨大；且当地地势平坦，太阳从地平线升起的情景令人印象深刻。太阳纹石板的发现，是研究古代北方地区太阳崇拜的重要线索。

铜饰件
Bronze Ornament

青铜时代
长4、宽2.4厘米
Bronze Age
Length 4cm, Width 2.4cm

征集
巴尔虎博物馆藏

青铜质。器物由四个鸟头与圆泡连接而成，鸟头形状较抽象，眼部、喙部相对清晰，并有羽毛状的图案，带有典型的鄂尔多斯青铜器风格，年代应相当于春秋晚期。

这件鸟形铜饰牌由四个鸟头与圆泡连接而成，鸟头形状较为抽象，但鸟眼、鸟喙部位较为清楚，并且有类似羽毛纹的图案，与内蒙古凉城毛庆沟M44:5极为相似。由于这类器物多发现于墓主人的腰间，且背后有纽，所以其为腰带饰牌的可能性较大。

动物纹饰牌是典型的鄂尔多斯式青铜器，主要纹饰有鹿、鸟、牛、马、骆驼以及兽咬鹿等，其中鸟纹比较常见。

综观内蒙古地区出土的鄂尔多斯式青铜器，最早出现的是具有写实风格的鸟纹和鸟头纹，年代大致为西周晚期；春秋时期，鸟和双鸟纹达到了鼎盛；春秋晚期，写实风格的双鸟纹日趋图案化，甚至出现了"云纹"；战国晚期，鸟形、鸟首形饰牌逐渐消失。新巴尔虎右旗发现的这件鸟形饰牌，保留着写实风格的鸟喙和眼睛，其年代应该是从写实向图案化过渡的阶段，即春秋晚期。

这类鸟形饰牌除了在凉城毛庆沟墓地中大量出土，在凉城忻州窑子墓地、凉城崞县窑子墓地、凉城小双古城墓地、准格尔旗西沟畔墓地、准格尔旗玉隆太墓地、杭锦旗桃红巴拉墓地也有发现。一般认为，中国北方动物纹造型艺术受到斯基泰文化的影响，新巴尔虎右旗发现的鸟形饰牌是这一风格的体现。

毛庆沟墓地位于古晋北地区，游牧文化因素明显，应属北狄集团中某一部族的遗存。新巴尔虎右旗发现的鸟形铜饰牌，为呼伦贝尔地区首次发现，与毛庆沟墓地的同类器物相似，表明古代北方民族之间早在青铜时代就存在密切的交流。

■ 石圈

　　在新巴尔虎右旗发现了石圈遗迹。这些石圈由石块围砌而成，平面多呈圆形，按其规模可分为大小两种。大型石圈的直径通常大于10米；小型石圈的直径多为2～6米，有的小型石圈内还分布有石块堆积。石圈遗迹以多若乌拉遗址、瓦林图遗址、照钦乌拉放包遗址为代表。至于其年代和性质，还有待更多的发掘与研究。

多若乌拉石圈遗迹
Duoruo-Ula Stone Circle Site

　　多若乌拉石圈遗迹位于新巴尔虎右旗克尔伦苏木乃日木德勒嘎查，距离克鲁伦河南岸约300米，多若乌拉石板墓群就在其南侧1公里。该石圈由石头围成，直径12米，石圈宽2米，围成的面积约为113平方米。在石圈南部还有一字排开的4座圆形石堆，大小相同，直径约为5米，每座石堆的间距大致相同，约为4米。

多若乌拉石圈遗迹（由西北向东南摄）
Duoruo-Ula Stone Circle Site (photographed southeastward)

多若乌拉石圈遗迹远景（由南向北摄）
A Distant View of Duoruo-Ula Stone Circle Site (photographed northward)

瓦林图石圈遗迹远景
A Distant View of Walintu Stone Circle Site

瓦林图石圈遗迹
Walintu Stone Circle Site

　　瓦林图石圈遗迹位于新巴尔虎右旗阿日哈沙特镇巴彦乌拉嘎查，瓦林图石板墓群就在其南侧约1公里。石圈由石头围成，直径28.7米，围成的面积约700平方米。

瓦林图石圈遗迹上方航拍
An Aerial View above Walintu Stone Circle Site

瓦林图石圈遗迹（由东南向西北摄）
Walintu Stone Circle Site (photographed northwestward)

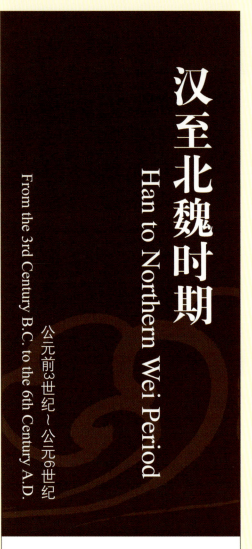

汉至北魏时期
Han to Northern Wei Period

From the 3rd Century B.C. to the 6th Century A.D.

公元前3世纪～公元6世纪

在新巴尔虎右旗发现的拓跋鲜卑遗存，主要有位于呼伦湖周边的根子墓群和红星村墓群。红星村墓群的一座儿童墓已做过清理，发现了桦树皮棺以及铁器残片、丝织品等，为研究拓跋鲜卑族群迁居大泽的历程提供了考古学证据。

The main remains of Tuoba Xianbei found in Xin Barag Right Banner are Genzi cemetery and the Hongxing Village cemetery near the Hulun Lake. A child's tomb of Hongxing Village cemetery had been excavated which was buried with birch bark coffin, iron fragments, silk fabrics and so on. These findings provide archaeological evidence for the migration of Tuoba Xianbei ethnic group to the Daze Lake.

根子墓群全景（由东向西摄）
A Panorama of Genzi Cemetery (photographed westward)

铜镜
Bronze Mirror

汉代
直径10.5厘米
Han Dynasty
Diameter 10.5cm

阿拉坦额莫勒镇西南克鲁伦河河岸采集
巴尔虎博物馆藏

　　圆形，背缘凸起，已残缺。背部中心有一半球形圆纽，中部有穿孔，纽外有凸弦纹组成的同心圆纹，外侧饰有一圈变体蟠螭纹。

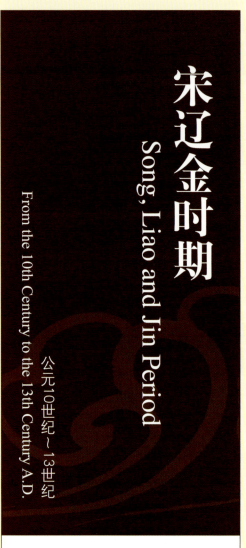

宋辽金时期
Song, Liao and Jin Period

From the 10th Century to the 13th Century A.D.

公元10世纪~13世纪

　　在新巴尔虎右旗发现的辽金时期遗迹，主要是与军事活动关系密切的城址、界壕、边堡等，其中辽代的两座城址和金界壕的五座边堡皆为本课题相关考古调查的新发现，为了解辽金时期各个族群在呼伦贝尔地区的对峙、交流、互动提供了实物资料。

The remains of the Liao and Jin period found in Xin Barag Right Banner are mainly military city ruins, boundary entrenchments and border forts. The two city ruins of the Liao Dynasty and the five border forts near the boundary entrenchments of the Jin Dynasty are the new discoveries. It provides tangible materials for understanding the confrontation, exchange and interaction of various ethnic groups in Hulunbuir region during the Liao and Jin period.

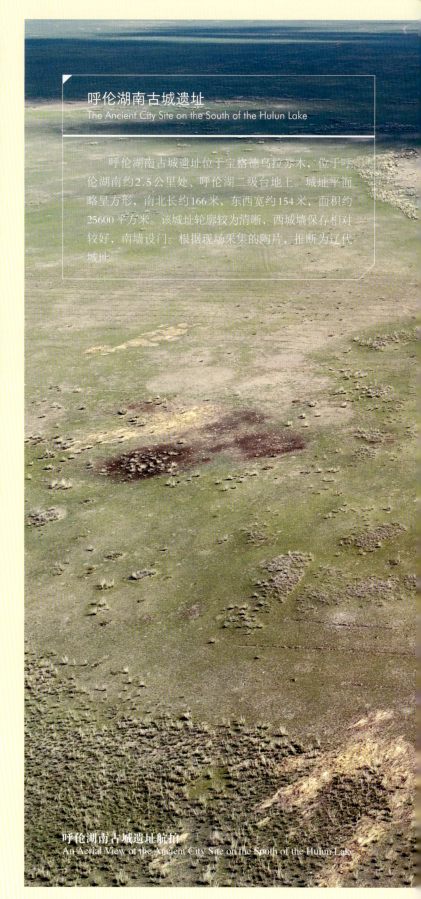

呼伦湖南古城遗址
The Ancient City Site on the South of the Hulun Lake

　　呼伦湖南古城遗址位于宝格德乌拉苏木，位于呼伦湖南约2.5公里处、呼伦湖二级台地上。城址平面略呈方形，南北长约166米，东西宽约154米，面积约25600平方米。该城址轮廓较为清晰，西城墙保存相对较好，南墙设门。根据现场采集的陶片，推断为辽代城址。

呼伦湖南古城遗址航拍
An Aerial View of the Ancient City Site on the South of the Hulun Lake

乌吉敖包古城遗址
The Uji-Aobao Ancient City Site

　　乌吉敖包古城遗址位于贝尔苏木莫能塔拉嘎查，在乌尔逊河西约2公里、乌吉敖包西北2公里处。城址平面呈正方形，面积约21000平方米。城墙基址保存较好，为土墙，墙体宽20米，现存高度约1.6米。根据现场采集的辽代陶片，推断该遗址为辽代城址。

乌尔逊河与乌吉敖包古城遗址
The Urson River and Uji Aobao Ancient City Site

乌吉敖包古城遗址航拍（由东向西摄）
An Aerial View of Uji Aobao Ancient City Site (photographed westward)

乌吉敖包古城遗址航拍（由西向东摄）
An Aerial View of Uji Aobao Ancient City Site (photographed eastward)

铁镞
Iron Arrowheads

辽代
标本1：长6.8、宽1厘米；
标本2：长7.6、宽1厘米；
标本3：长13.7、宽1.5厘米
Liao Dynasty
1. Length 6.8cm, Width 1cm;
2. Length 7.6cm, Width 1cm;
3. Length 13.7cm, Width 1.5cm

阿拉坦额莫勒镇采集
巴尔虎博物馆藏

　　3件。
　　标本1，通体扁长，前锋呈铲状，铤为四棱体，向末端渐细。
　　标本2和标本3，主体均呈柳叶形，前锋呈三角形，其下内弧，短铤呈柱状，末端渐细，呈尖锥形。

1　　2　　3

铁镞
Iron Arrowheads

辽金时期
1：长19.3、宽6.7厘米；
2：长22、宽7厘米
Liao and Jin Period
1. Length 19.3cm, Width 6.7cm;
2. Length 22cm, Width 7.0cm

呼伦镇达赉苏木西南阔亦田战场采集
巴尔虎博物馆藏

　　2件。锈蚀严重。镞身均扁平，呈不规则菱形，刃部较薄，镞与铤的相接处有横箍，铤部截面分别呈圆形和方形，至尾端渐细。

1　　　　　2

1   2   3   4   5   6

铁镞
Iron Arrowheads

辽金时期
标本1：长9、宽2.8厘米；
标本2：长13.5、宽4.7厘米；
标本3：长11.5、宽3.6厘米；
标本4：长13.5、宽4.6厘米；
标本5：长8.8、宽5.2厘米；
标本6：长11.2、宽5.3厘米
Liao and Jin Period
1. Length 9cm, Width 2.8cm;
2. Length 13.5cm, Width 4.7cm;
3. Length 11.5cm, Width 3.6cm;
4. Length 13.5cm, Width 4.6cm;
5. Length 8.8cm, Width 5.2cm;
6. Length 11.2cm, Width 5.3cm

采集
巴尔虎博物馆藏

6件。锈蚀严重。
标本1，镞身扁平，呈三角形，镞身与铤部平缓过渡，铤部扁平，至底端渐细。
标本2，镞身扁平，呈扇形，镞身与铤部平缓过渡，铤部扁平，至底端渐细。
标本3，镞身扁平，呈扁锥形，镞身与铤连接处有一横箍，铤部截面呈方形，至底端渐细。
标本4，镞身扁平，呈扇形，镞身与铤连接处有一横箍，铤部截面呈方形，至底端渐细。
标本5，镞身扁平，呈倒扇形，略有残损，镞身与铤连接处有一横箍，铤部较短，呈圆锥形。
标本6，镞身扁平，呈菱形，左侧残损严重，镞身与铤连接处有一横箍，铤部截面呈方形，向底端渐细，底端残损。

陶罐
Pottery Jar

辽代
高19.8、口径12.9、腹径16、底径7厘米
Liao Dynasty
Height 19.8cm; Mouth Diameter 12.9cm; Belly
Diameter 16cm; Bottom Diameter 7cm

阿拉坦额莫勒镇克鲁伦河北岸雷达山附近采集
巴尔虎博物馆藏

　　轮制。泥质灰陶。直口微敞，圆唇，高
领，溜肩，鼓腹，小平底微内凹。颈部饰一
周凸弦纹，下腹满饰篦齿纹。颈部与肩部一
共钻有8个小圆孔。

陶罐
Pottery Jar

辽金时期
高8、口径7.2、腹径9.8、底径3.1厘米
Liao and Jin Period
Height 8cm; Mouth Diameter 7.2cm; Belly
Diameter 9.8cm; Bottom Diameter 3.1cm

阿拉坦额莫勒镇采集
巴尔虎博物馆藏

　　轮制。泥质灰陶。卷沿，尖唇，矮直
颈，扁鼓腹，小平底微内凹。口沿微残。

陶罐
Pottery Jar

辽代
高23、口径11.2、腹径16、底径8.1厘米
Liao Dynasty
Height 23cm; Mouth Diameter 11.2cm; Belly
Diameter 16cm; Bottom Diameter 8.1cm

布尔敦苏木征集
巴尔虎博物馆藏

　　轮制。泥质灰陶。侈口，圆唇，长束颈，溜肩，圆鼓腹，平底内凹。颈部饰一周凸棱纹，上饰篦齿纹。肩饰两周篦齿纹，下腹满饰篦齿纹。口沿已残，颈下至器底有一条裂纹。

陶罐
Pottery Jar

辽代
高27.1、口径13.3、腹径20.5、底径7.2厘米
Liao Dynasty
Height 27.1cm; Mouth Diameter 13.3cm; Belly
Diameter 20.5cm; Bottom Diameter 7.2cm

达赉苏木征集
巴尔虎博物馆藏

　　轮制。泥质灰陶。直口微敞，尖圆唇，长颈，微折肩，鼓腹，小平底内凹。下腹部满饰篦齿纹。口沿微残。

金界壕
The Boundary Entrenchments of the Jin Dynasty

金界壕是金朝为了加强北部边境防御而建立起的一套由壕、墙、边堡构成的防御体系，分为岭北、岭南两线。

金界壕岭北线始于内蒙古自治区额尔古纳市上库力村，沿着根河、额尔古纳河南岸延伸至红山嘴，越过额尔古纳河进入俄罗斯境内，至满洲里西北8.1公里处复入中国境内，延伸至新巴尔虎右旗，又向西进入蒙古国，终止于蒙古国乌勒吉河的河源北。金界壕北线全长730公里，大致呈东北—西南走向，在中国境内长190.7公里，主要分布在呼伦贝尔市西北部，修筑于12世纪初，为金代重要的军事防御设施。

金界壕新巴尔虎右旗段，起自新巴尔虎右旗呼伦镇五三嘎查与满洲里市的交界处，途经达石莫嘎查、达赉苏木、阿尔山宝力格嘎查、布尔敦嘎查，全长60.163公里。现为国家级重点文物保护单位。目前发现的新巴尔虎右旗金界壕附属建筑，有五三嘎查、达石莫嘎查、海日罕、和热木特北、和热木特南等5座边堡遗址。

金界壕曾被称作"成吉思汗长城""金源边堡""兀术长城"，也有学者认为岭北线界壕是辽代所建的军事设施。20世纪七八十年代，呼伦贝尔盟文物管理站站长米文平等学者对岭北线界壕进行了考古调查，并且结合文献资料，认定为金代初期修筑的界壕。

金界壕是金朝在北部边境地带修筑的一系列军事防御工程的总称，主要有两条主线，在不同区域又根据需要修筑有复线和支线，因此对其修筑年代和长度存在不同的观点。金界壕基本结构为壕、墙并列，即先挖掘出长而深的壕，在壕内侧堆土为长墙，并在长墙加筑马面，沿界壕内侧修筑边堡、戍堡，在界壕经过的交通要道修筑关隘等。王国维在《金界壕考》中称：界壕者，掘地为沟堑以限戎马之足；边堡者，于要害处筑城堡以居戍人，他认为此"实近古史上之大工役"。《金史》之传和志中对界壕多有记载，应是先开凿壕堑后，陆续增补墙、堡等，以"界壕"著称，与各代边墙不同。金界壕的修筑主要是为抗击和统御蒙古诸部族以及契丹人。辽金两朝的主要边患都来自北方，呼伦贝尔大草原水草肥美，是游牧民族的摇篮，因此，界壕两线的起点都在呼伦贝尔境内。历史上的界壕并没有挡住北方族群南进的铁蹄，现在则成为各民族交流融合的见证。

金界壕航拍（由西向东摄）
An Aerial View of the Boundary Entrenchments of the Jin Dynasty
(photographed eastward)

金界壕航拍（由东向西摄）
An Aerial View of the Boundary Entrenchments of the Jin Dynasty
(photographed westward)

金界壕远景（由东向西摄）
A Distant View of the Boundary Entrenchments of the Jin Dynasty
(photographed westward)

金界壕近景（由东向西摄）
A Close-up View of the Boundary Entrenchments of the Jin Dynasty
(photographed westward)

五三嘎查边堡遗址
Wusan Gacha Border Fort Site

　　五三嘎查边堡位于呼伦镇五三嘎查西部约3公里处。周边地势平坦开阔，植被覆盖率高。城址平面呈圆形，面积约20600平方米。土筑城墙，墙基宽8米，城墙残高0.6米左右。由于取土，东侧城墙破坏较严重，部分已消失；西侧城墙保存较好，城墙残高1米左右。城的外围有环壕，现存壕宽2米，深0.3米。在城内采集到陶片等遗物。

五三嘎查边堡遗址全景（由东南向西北摄）
A Panorama of Wusan Gacha Border Fort Site (photographed northwestward)

五三嘎查边堡遗址航拍远景
（由南向北摄）
An Aerial View of Wusan Gacha
Border Fort Site
(photographed northward)

五三嘎查边堡的城墙遗迹
（由西向东摄）
City Wall Remains of Wusan
Gacha Border Fort Site
(photographed eastward)

五三嘎查边堡遗址的城门
（由东北向西南摄）
The Gateway of Wusan Gacha
Border Fort Site
(photographed southwestward)

达石莫嘎查边堡遗址
Dashimo Gacha Border Fort Site

　　达石莫嘎查边堡位于呼伦镇达石莫嘎查，在金界壕的南侧，地势平坦开阔。城址平面近方形，长66米，宽60米，面积约3960平方米。土筑城墙，墙基宽8米，残高0.3米。城外围有环壕，现存壕宽5.5米，深0.2米。

达石莫嘎查边堡遗址西南角（由西向东摄）
The Southwestern Corner of Dashimo Gacha Border Fort Site (photographed eastward)

达石莫嘎查边堡遗址远景（由南向北摄）
A Distant View of Dashimo Gacha Border Fort Site (photographed northward)

达石莫嘎查边堡遗址正上方航拍
An Aerial View above Dashimo Gacha Border Fort Site

达石莫嘎查边堡遗址远景航拍（由东向西摄）
An Aerial View of Dashimo Gacha Border Fort Site (photographed westward)

海日罕边堡遗址
Hairihan Border Fort Site

　　海日罕边堡位于达赉苏木阿尔山宝力格嘎查，处于金界壕南侧的开阔平坦地带。其西侧300米是海日罕山，东侧有河流湖泊，与达石莫嘎查边堡属于同一水系。有内外两城，外城平面呈圆形，内城平面呈方形。外城直径142米，面积约15800平方米。土筑城墙，墙基宽6米，墙体残高0.1米。外城在东墙设一门，门宽13米。内城位于外城北部，边长43米，面积约1849平方米。内城的城墙残高1米，在东墙设一门，门宽7米。

海日罕边堡遗址东北角（由北向南摄）
The Northeastern Corner of Hairihan
Border Fort Site (photographed southward)

海日罕边堡遗址东南角（由东向西摄）
The Southeastern Corner of Hairihan
Border Fort Site (photographed westward)

海日罕边堡遗址航拍
An Aerial View of Hairihan Border Fort Site

海日罕边堡遗址航拍（由东南向西北摄）
An Aerial View of Hairihan Border Fort Site (photographed northwestward)

和热木特北边堡遗址
Herimut North Border Fort Site

　　和热木特北边堡位于达赉苏木布尔敦嘎查，在金界壕的南侧，地势平坦，植被覆盖率高，其南侧靠近和热木特诺尔湖。有内外两城，外城平面呈圆形，内城平面呈方形，皆为土筑墙体。外城直径167.5米，面积约22100平方米。墙基宽5米，墙体残高0.4米。在东墙设一门，门宽7米。内城位于外城的东南角，内城的一角与外城墙连接，边长55米，面积3025平方米。墙基宽10米，残高1米。在东墙设一门，门宽6米。

和热木特北边堡遗址航拍（由西南向东北摄）
An Aerial View of Herimut North Border Fort Site (photographed northeastward)

和热木特北边堡遗址的城门
（由东向西摄）
The Gateway of Herimut North Border
Fort Site (photographed westward)

和热木特北边堡遗址东北角
（由北向南摄）
The Northeastern Corner of Herimut North
Border Fort Site (photographed southward)

和热木特北边堡遗址西南角
（由南向北摄）
The Southwestern Corner of Herimut
North Border Fort Site (photographed northward)

和热木特南边堡遗址的南城墙（由东南向西北摄）
The Southern City Wall Remains of Herimut South Border Fort Site (photographed northwestward)

和热木特南边堡遗址
Herimut South Border Fort Site

　　和热木特南边堡位于达赉苏木布尔敦嘎查，北侧靠近和热木特诺尔湖，地形中间高四周低，植被覆盖率高。平面呈方形，总面积约2008平方米。城墙保存较好，边长约44米，墙宽9米，现存残高2.5米左右。南侧有瓮城，瓮城长9米，宽8米。城外有环壕，现存壕宽5米，深约0.4米。城内中央有一高地，应为建筑基址，边长8米，现存残高1米。

和热木特南边堡遗址的东城墙（由东南向西北摄）
The Eastern City Wall Remains of Herimut South Border Fort Site
(photographed northwestward)

和热木特南边堡遗址航拍远景（由东南向西北摄）
An Aerial View of Herimut South Border Fort Site (photographed northwestward)

和热木特南边堡遗址正上方航拍
An Aerial View above Herimut South Border Fort Site

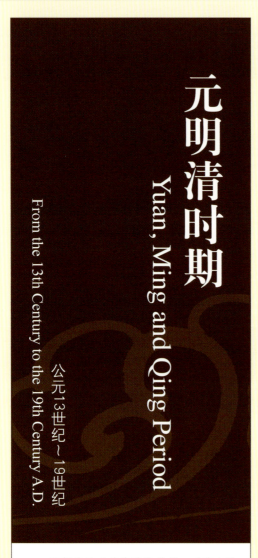

元明清时期
Yuan, Ming and Qing Period

From the 13th Century to the 19th Century A.D.

公元13世纪~19世纪

元朝统治者尊崇藏传佛教，对蒙古社会产生了重要的影响。清代，藏传佛教得到进一步发展。兴建于同治年间的格鲁派寺庙达西朋斯格庙，是目前新巴尔虎右旗规模最大、保存最完整的寺庙，庙内藏有经书、佛像等藏传佛教珍贵文物。

Emperors of the Yuan Dynasty believed in Tibetan Buddhism, which had an important impact on Mongol society. In the Qing, with the development of Tibetan Buddhism, it had built Daxipengsige Temple (Gelugpa) during Tongzhi period. It is the largest and the most intact temple in Xin Barag Right Banner at the present. The temple collects sutras, statues of Buddha and other Tibetan Buddhist precious relics.

达西朋斯格庙
Daxipengsige Temple (known as the West Temple)

达西朋斯格庙又称"西庙"，蒙古语为"巴伦苏莫"，即是"西庙"之意，位于阿拉坦额莫勒镇西庙嘎查。该庙始建于清代同治六年（1867），曾经是正黄旗第二苏木庙，是新巴尔虎右旗境内仅存的藏传佛教格鲁派寺院。2006年对其进行整体修复，扩建了外院以及附属建筑。达西朋斯格庙是新巴尔虎右旗境内现存规模最大的藏传佛教寺庙和宗教圣地，具有很高的艺术价值和宗教价值，对研究藏传佛教在本地区的传播发展具有重要意义。

达西朋斯格庙是汉藏结合式建筑，坐北朝南，有主庙1座、小庙（耳房）2座，后来增建接待室、会客室、仓库、喇嘛宿舍等5间房。该庙分为里外院，其中外院墙东西长93米，南北宽71米。主庙南北长14.25米，东西宽10.93米，占地面积约156平方米。庙内珍藏的藏文经书、佛像等均为藏传佛教珍品，也是宝贵的文化遗产。

每年阴历四月初、六月初和十月末，新巴尔虎左旗和新巴尔虎右旗的喇嘛汇集在达西朋斯格庙，举行为期一周的庙会。1991年，达西朋斯格庙（古建筑部分）被列为内蒙古自治区级重点文物保护单位。

西庙的主庙建筑（由南向北摄）
The Main Building in the West Temple (photographed northward)

西庙内院航拍（由南向北摄）
An Aerial View of the Inner Courtyard in the West Temple
(photographed northward)

西庙内院（由南向北摄）
The Inner Courtyard of the West Temple (photographed northward)

西庙整体航拍（由南向北摄）
An Aerial Panorama of the West Temple (photographed northward)

铁犁铧
Iron Ploughshare

元代
长21.7、宽18厘米
Yuan Dynasty
Length 21.7cm, Width 18cm

宝格德乌拉苏木西北12公里处采集
巴尔虎博物馆藏

　　平面略呈三角形，刃部呈圆弧形。表面锈蚀，两翼残损，仅剩犁铧头部。

铁罐
Iron Jar

元代
高29.5、口径14.7、腹径24、底径16.3厘米
Yuan Dynasty
Height 29.5cm; Mouth Diameter 14.7cm; Belly
Diameter 24cm; Bottom Diameter 16.3cm

阿拉坦额莫勒镇征集
巴尔虎博物馆藏

　　小盘口，方唇，长颈，扁鼓腹，矮圈足。底部有直径约3厘米的椭圆形孔洞，颈部有两个接点，原有把手，已残缺。

铁釜
Iron Cauldron

元代
口径57、高35厘米
Yuan Dynasty
Diameter 57cm, Height 35cm

征集
巴尔虎博物馆藏

方唇，弧腹，圜底。口沿部原有两个圆弧形耳，一侧缺失。腹部原有三个梯形足，一蹏完整，另一蹏稍残，还有一蹏残缺。锈蚀严重，底部内外两侧有焊接修补的痕迹。

僧帽壶
Monk's Cap-shaped Jug

清代
高34、口径21.5、腹径23、底径13.2厘米
Qing Dynasty
Height 34cm; Mouth Diameter 21.5cm; Belly
Diameter 23cm; Bottom Diameter 13.2cm

征集
巴尔虎博物馆藏

　　铜质。壶口似僧人的帽子，前低后高。
长颈，圆肩，鼓腹下收，圈足。口部一侧有
鸭嘴形流。壶口至腹部各有一个长方形缺口，
应为缺失的壶把的接口。

泥塑狮子
Clay Lion

清代
高33.5、底长17.8、底宽12.3厘米
Qing Dynasty
Height 33.5cm; Bottom length 17.8cm;
Bottom width 12.3cm

征集
巴尔虎博物馆藏

　　泥塑。原为阿拉坦额莫勒镇东20公里
的东庙所用，器身有明显的火烧痕迹，局
部发红。狮子造型简约，呈蹲坐状，张口，
头微上扬，左前爪踩绣球，左耳残缺，下
有长方形亚腰底座。

熏炉
Censer

清代
长31、宽5、通高12.3厘米
Qing Dynasty
Length 31cm, Width 5cm, Total Height 12.3cm

新巴尔虎右旗东庙征集
巴尔虎博物馆藏

　　铜质。熏炉盖顶部有凸起的镂空烟孔，盖顶铸两个相对而卧的神兽（鹿）和一个法轮（装饰为双鹿听法）。盖两侧镶嵌绿松石、红珊瑚，四周饰一圈联珠纹。炉身分为上下两部分。炉身上部的前后贴饰吉祥八宝，左右贴饰金刚杵；炉身下部贴饰莲瓣纹，左右两侧为金刚杵式纽，有抽屉，可以拉出来清倒炉灰。器底有4个兽形足。

签筒
Divination Lot Container

清代
高25.9、口径6.7、底径7.1厘米
Qing Dynasty
Height 25.9cm; Mouth Diameter 6.7cm;
Bottom Diameter 7.1cm

征集
巴尔虎博物馆藏

　　铜质。圆筒状，底部和口部外撇，平底。筒身有九龙一塔纹饰，上下边缘装饰勾连云纹。

招福桶
Zhaofu Lucky Bucket

清代
高25、口径13、底径15厘米
Qing Dynasty
Height 25cm; Mouth Diameter 13cm;
Bottom Diameter 15cm

阿拉坦额莫勒镇征集
巴尔虎博物馆藏

　　铜质。由盖和桶身两部分组成。
盖上有花苞状纽，盖边包有鎏银铜花
边，桶身贴饰三周鎏银如意云头铜
饰，桶身有两个提环，提环下有鎏银
花卉铜饰。此为祭祀用具。

嘎巴拉碗
Kapala Skull-shaped Bowl

清代
通高11.2厘米，器盖高5.5、直径6.4～6.9厘米，
器盒高2.9、直径6.2～6.7厘米，
底座高4.4、边长7.5、7.3、7.4厘米
Qing Dynasty
Total Height 11.2cm. Cap: Height 5.5cm, Diameter
6.4~6.9cm.
Bowl: Height 2.9cm, Diameter 6.2~6.7cm.
Pedestal: Height 4.4cm, Side Length 7.5cm, 7.3cm,
7.4cm
征集
巴尔虎博物馆藏

　　铜质。由器盖、器盒和底座三部分组成。盖上为金刚杵状纽，盖身饰莲花、卷枝、波浪、跃鱼等纹样。器盒素面。底座为三角形，座上饰莲花、火焰纹样，座沿有3个人头像，面部特征各异。此为藏传佛教的法器。

嘎巴拉碗
Kapala Skull-shaped Bowl

清代
通高14、碗最大径7.6、底座边长10.5厘米
Qing Dynasty
Total Height 14cm, Bowl Maximum Diameter
7.6cm, Pedestal Side Length 10.5cm

征集
巴尔虎博物馆藏

　　铜质。由器盖、碗和底座三部分组成。盖上为金刚杵状组，盖身饰群山、缠枝花卉等纹样。碗为人头盖骨制成。底座为三角形，座上饰莲花、火焰纹样，座沿有3个人头像，面部各异。

藏文经卷
Tibetan Scriptures

清代
长23、宽8厘米，一册厚3.1厘米，另一册厚2.7厘米
Qing Dynasty
Length 23cm, Width 8cm, Both Thickness 3.1cm
and 2.7cm Respectively

征集
巴尔虎博物馆藏

　　共有2册。上下均有长方形的木质护经板。一面雕刻吉祥纹，并且镶嵌铜质三世佛；另一面雕刻草叶纹，并且镶嵌铜质吉祥纹。护经板上的铜质花纹和佛像均涂朱砂。护经板内侧有彩绘五方佛和文殊菩萨。经文写于纸上，其大小与护经板相同。经卷之外用皮绳捆扎。

藏文经卷
Tibetan Scriptures

清代
长31.5、宽12厘米
Qing Dynasty
Length 31.5cm; Width 12cm

杭乌拉苏木萨如拉嘎查征集
巴尔虎博物馆藏

　　共40页。经文写于长方形白纸上。外面用黄绸布包裹，以蓝白相间的线绳捆扎。

彩绘龙纹鼓
Color Painted Drum with Dragon Pattern

清代
鼓面直径55、高19厘米，鼓槌长42厘米
Qing Dynasty
Drum: Diameter 55cm, Height 19cm
Drumstick: Length 42cm

杭乌拉苏木萨如拉嘎查征集
巴尔虎博物馆藏

　　鼓身木质，鼓面蒙羊皮。鼓身直腹，上下边缘髹一周绿漆，并且箍两圈木条，鼓身中部髹红漆，上绘云纹和龙纹。鼓面与鼓身以铆钉加固。鼓身一周有对称的4个小环，其中两环穿绳悬挂，另外两环串饰粉红穗子。鼓槌一对，木质，鼓把较短，上面涂有红漆。鼓槌较小，呈圆纽状，头部包有皮革。此为藏传佛教法器。

黄缎团龙纹长袍
Yellow Satin Long Robe with Circular
Dragon Patterns

清代
衣长133.5、两袖通长234.5、袖口宽
38.5、下摆宽122厘米
Qing Dynasty
Robe Total Length 133.5cm, Opening
Sleeves Length 234.5cm, Cuff Width
38.5cm, Hem Width 122cm

阿敦础鲁苏木征集
巴尔虎博物馆藏

　　单袍，缎面，明黄色，绣有暗
龙纹团花，里衬为蓝色布料。衣襟
开右衽，缝有5个球形雕花铜扣，其
中领口2个、腋下1个、腰部2个。
马蹄袖，袖口内侧缝有蓝色缎面。

黄缎盘龙纹长袍
Yellow Satin Long Robe with Coiled Dragon Patterns

清代
衣长136.6、两袖通长205.2、袖口宽22.8、下摆宽111.5厘米
Qing Dynasty
Robe Total Length 136.6cm, Opening Sleeves Length 205.2cm, Cuff Width 22.8cm, Hem Width 111.5cm

征集
巴尔虎博物馆藏

　　主体为黄色。右衽，大襟，缝有盘扣。衣领和衣襟为黑色绸缎，并有粉色镶边，宝蓝色马蹄袖，下摆镶有灰黑色宽绒边。两肩绣有龙纹，袖子中间绣一圈江崖海水纹。长袍正面和背面的主体纹饰相同，均绣龙纹、祥云、葫芦、荷花、宝剑、团扇、蝙蝠、横笛等图案，龙纹下方绣有江崖海水纹和彩色长斜线水脚纹。

银饰
Silver Ornaments

清代
头饰1件，手镯2件。头饰直径15、耳饰长8.7、宽7.5厘米，颈后饰长10.5、宽5.8厘米，长方形发夹长14、宽3.2厘米，扇形发夹长10、宽7厘米，流苏长25、宽6厘米。手镯直径4.8～6.5、宽1～1.5厘米
Qing Dynasty
One headdress and two bracelets. Headdress: Diameter 15cm. Earring: Length 8.7cm, Width 7.5cm. Nape Ornaments: Length 10.5cm, Width 5.8cm. Rectangular Hairpin: Length 14cm, Width 3.2cm. Fan–shaped Hairpin: Length 10cm, Width 7cm. Tassels: Length 25cm, Width 6cm. Bracelet: Diameter 4.8~6.5cm, Width 1~1.5cm

征集
巴尔虎博物馆藏

整套头饰由银质冠饰（发箍）、牛角形（羊角形）发辫、银质发卡、银流苏组成。冠饰（发箍）略呈扣碗状，顶部中空。冠饰两侧连接扇形耳饰，颈后有垂饰。发卡有长方形和扇形两种，用来固定发辫。发夹的正面镶嵌珊瑚和宝石，背面雕刻卷草纹。冠饰（发箍）、耳饰、颈后垂饰和发夹均为银质，镂空，錾刻吉祥纹样，上面镶嵌着红珊瑚、绿松石。此外，两鬓各垂有一串银质流苏。

两个手镯宽窄不一。宽者表面錾刻花叶纹，镶嵌三块红珊瑚，手镯开口处有扣针固定。窄者镶嵌两块红珊瑚、一块蛇纹石，扣针与手镯有银链相接。

勒勒车
Mongolian *Lele* Cart

清代
通高210、车辕长406、车轮直径126厘米，
车篷长114、宽80、高120厘米
Qing Dynasty
Total Height 210cm. Shaft: Length 406cm.
Wheel: Diameter 126cm. Awning: Length
114cm, Width 80cm, Height 120cm

克尔伦苏木额日和图嘎查征集
巴尔虎博物馆藏

　　车体木质，其上有篷，用柞木和柳条
弯曲成拱顶。车的侧面和背面开有车窗，
车前有门帘。车身包以帆布，帆布上装饰
吉祥图案。车轮木质，圆形。轮毂圆柱形，
中部鼓起，内安轮轴。辐条共18根，木
质，以榫卯结构安装于轮毂之上，相接处
钉有铁钉。车辋上镶满铆钉，外扣铁瓦。
车辕下的横掌上刻有莲花、石榴、桃花、
几何纹饰。

勒勒车是草原民族的主要交通工具，在蒙古语中，被称作"特尔格"。

游牧民族逐水草而居，居住地点不定，搬运货物、运输家产需要稳定而轻便的运输工具。"勒勒"是牧民吆喝牲口的声音，勒勒车的车头较小、车轮较大，对于草地、沼泽等地理环境有较强的适应性，一旦损坏也可以及时修理、继续使用，这是勒勒车能在草原上延续至今的重要原因。

勒勒车队常常由十几辆甚至几十辆车组成，通常由妇女或儿童驾驶。为了不使车队走散，每头牛的犄角都用绳子相连，最后一辆车拴有大铃铛，以便前面的人能够听到。

勒勒车为木制，多用榆木制成，结实耐用。勒勒车的车轮直径可达1.5米左右，相当于牛身的高度；车身较长，多在4米以上，车辆载重量大。勒勒车的用途广泛，根据实际使用情况加以命名，例如拉水的车叫作"水车"，装食物、衣服的车叫作"箱子车"，装佛像、经卷和贵重物品的车叫作"佛爷车"，放牛粪、秸秆的

夏季转场（克尔伦摄）
Migration in Summer (photographed by Kerlun)

车叫作"柴薪车"，有车棚的车叫作"篷车"。在长长的车队中，最后几辆车一般用于拉运蒙古包。有些家庭还有空闲的勒勒车，以备不时之需。

冬季转场（王苹绘）
Migration in Winter (Painted by Wang Ping)

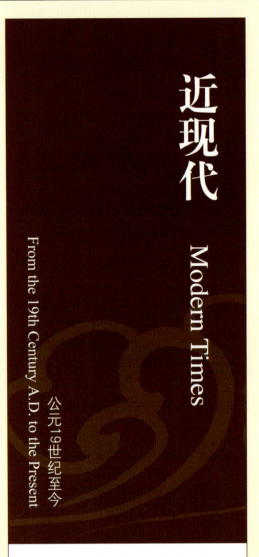

近现代

Modern Times

From the 19th Century A.D. to the Present

公元19世纪至今

这一时期蒙古社会宗教气氛浓厚，留存数量较多的佛像和法事用具，其中动物纹法事模具是罕见的文物精品。另外，银匠工具、蒙医用具、蒙古象棋和一批精美的鼻烟壶能够反映蒙古族群的社会生活。

In this period, it retained a strong atmosphere of religion in Mongol society with many statues of Buddha and ritual implements, such as ritual moulds with animal patterns, which were rare cultural treasures. Besides, tools for silverware, Mongolian medical instruments, Mongolian chess and a batch of snuff bottles reflect the social life of Mongols.

蒙古包（苏米亚摄）
A Mongolian Yurt (photographed by Sumiya)

蒙古包又叫"格尔"，汉语"家"之意，清朝时称为"博"。

蒙古包主要由架木体系（套瑙、乌尼、哈那、支柱、乌德）、苫毡体系（蒙古包架木上的覆盖物）、绳带体系（围绳、压绳、捆绳、坠绳）三部分组成。套瑙和乌尼组成了蒙古包的屋面，乌尼搭成一个斜坡。哈那是蒙古包的墙体，用红柳棍钉装成平行四边形网眼，伸缩性好，支撑力强，便于装卸和搬运。苫毡是蒙古包架木上的覆盖物，用连续的犄纹、鼻纹、回纹图案镶边装饰。苫毡与架木一一对应，其中幪毡覆盖套瑙，顶棚覆盖乌尼，围毡包裹哈那。绳带用来固定，防止顶棚、围毡下滑，避免被草原大风掀起。除了固定，绳带还具有装饰功能，通过横捆、竖捆、斜捆等方式，分割出方形、梯形、菱形、三角形等不同形状，对蒙古包进行装饰。

蒙古包从建造到拆卸、搬迁都不会破坏大自然，是一种生态建筑，能够平衡牧人、牲畜、草场三者之间的关系。蒙古包是草原民族物质文化、宗教文化、生态文化的体现，是蒙古族民众适应草原生活的智慧结晶。

蒙古包
Mongolian Yurt

通高207、直径372厘米，哈那高110、门高95、门宽73厘米
Total Height 207cm, Diameter 372cm. Hana Pillar Height 110cm.
Door Height 95cm, Width73cm

巴尔虎博物馆藏

蒙古包里的家具摆设（苏德夫摄）
Furnishings in a Mongolian Yurt (photographed by Sodhuu)

勒勒车木轮毂
Wooden Wheel Hub of Mongolian *Lele* Cart

长39.9、直径20～22.3、内径8.3厘米
Length 39.9cm, Diameter 20~22.3cm,
Inner Diameter 8.3cm

征集
巴尔虎博物馆藏

　　木质。圆筒形，纵向中部有一圆孔，圆孔两端用铁圈加固，器身中部一周凿出长方形孔洞。

勒勒车油壶
Oilcan of Mongolian *Lele* Cart

高40.3、口径5、底径8.7、深18.5厘米
Height 40.3cm, Mouth Diameter 5cm,
Bottom Diameter 8.7cm, Depth 18.5cm

宝东苏木呼伦嘎查征集
巴尔虎博物馆藏

　　铁质。壶身大致呈梯形，束颈。颈部有铁环，环上挂有铁链，便于悬挂在勒勒车上。

牛马车鞍子
Cart Saddle

木板长24.4、宽11.3厘米，开口宽35厘米
Board: Length 24.4cm, Width 11.3cm,
Opening Width 35cm

征集
巴尔虎博物馆藏

　　木质。主体框架为榫卯结构，以铁丝固定接头处，在框架底端钉有木板两块，两板间用曲尺形铁皮连接。牛、马拉车时，将其安放于牲畜的脖子与肩背相交处，使其与车辕连接，便于拉车。

蒙古包（苏德夫摄）
A Mongolian Yurt (photographed by Sodhuu)

草原牧民的生活（苏德夫摄）
Living on Grassland (photographed by Sodhuu)

马鞍
Saddle

鞍垫长140、宽 47厘米，鞍高28厘米
Saddle Pad: Length 140cm, Width 47cm;
Saddle: Height 28cm

征集
巴尔虎博物馆藏

　　由木质马鞍、铁质马镫、皮质鞍鞯和夹垫组成。马鞍由鞍桥、鞍垫、鞍板组成，其中鞍垫为布质，左右两侧均有2个花瓣形的银质鞍泡钉，鞍板上也固定小型银泡钉，上面串有皮绳。前后鞍桥的边缘钉有银质边饰，上面錾刻花纹。障泥镶边（马搭、鞍垫、鞍鞯），上面装饰吉祥纹。夹垫上以铆钉作为装饰。

马鞍
Saddle

通高27.5、宽29.5厘米
Total Height 27.5cm, Width 29.5cm

征集
巴尔虎博物馆藏

　　木质。主要由鞍桥、鞍垫、鞍板三部分组成，其中前、后鞍桥与鞍板漆成橙色。鞍板上有多个圆孔，孔内串有皮绳。

蒙古族素有"马背民族"之称。马鞍主要由鞍桥、鞍垫、左右鞍翅（鞍板）、鞍屉（鞍韂）、鞍鞒（障泥）、夹垫、皮梢绳、吊镫皮条、马镫组成。由于所属部落和居住环境的不同，马鞍在外形、制作工艺和材料上都有差别。

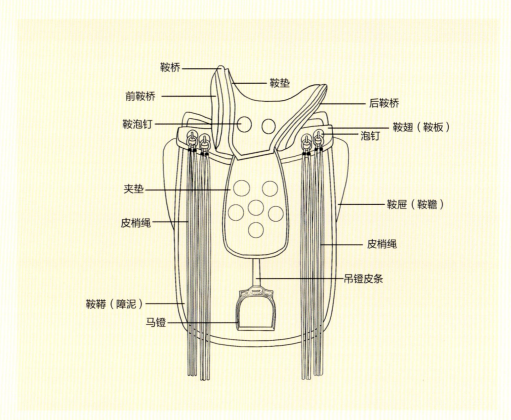

蒙古族马鞍示意图
Mongolian Saddle Diagram

蒙古马和马鞍（苏德夫摄）
Mongolian Horses and Saddles (photographed by Sodhuu)

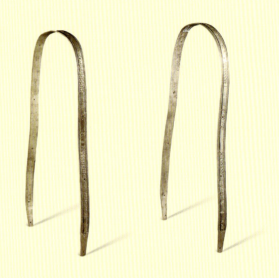

马鞍饰
Saddle Ornaments

高32.2、最宽21.5厘米
Height 32.2cm, Maximum Width 21.5cm

征集
巴尔虎博物馆藏

　　2根。银质。呈弯曲的条形，分别为前、后鞍桥的边饰，上面錾刻花纹。

马鞍饰
Saddle Ornaments

长8.7、宽5.2厘米
Length 8.7cm, Width 5.2cm

阿拉坦额莫勒镇征集
巴尔虎博物馆藏

　　1对。骨质。整体呈龟背形，正面中部略内凹，刻有菱形纹，内填红漆。两侧各有两个钻孔。背面刻有两道凹槽。

马鞍泡钉
Saddle Nails

直径5.6～6.5厘米
Diameter 5.6~6.5cm

阿敦础鲁苏木征集
巴尔虎博物馆藏

　　银质。两组6件，每组3件。正面隆起，边缘饰涡纹；底部较平，有镂孔。较大泡钉的中间隆起部分为席纹，小型泡钉的中间部分为镂空植物纹。

马镫
Stirrups

高15.9厘米，踏板长13.4、宽11.8厘米
Height 15.9cm,
Pedal: Length 13.4cm, Width 11.8cm

杭乌拉苏木芒来嘎查征集
巴尔虎博物馆藏

　　1对。铜质。镫环呈圆弧形，上部有
长方形穿孔，镫柄两侧加宽。踏板椭圆
形，底面内凹，装饰镂空的钱纹。

马镫
Stirrup

高13.4厘米，踏板长11.4、宽4.4厘米
Height 13.4cm,
Pedal: Length 11.4cm, Width 4.4cm

征集
巴尔虎博物馆藏

　　铜质。马镫顶端有长方形穿环，镫
柄两侧各饰一花卉纹，踏板上饰吉祥纹。

马镫
Stirrup

高13.6厘米，踏板长11.2、宽5.8厘米
Height 13.6cm,
Pedal: Length 11.2cm, Width 5.8cm

征集
巴尔虎博物馆藏

　　铁质。镫环呈圆弧形，上部有长方
形穿孔，镫柄两侧加宽，外侧刻有狮子
纹饰。踏板呈窄长方形，底面内凹，装
饰镂空几何纹。

马镫
Stirrup

高16.7、底长11.8、底宽6厘米
Height 16.7cm,
Pedal: Length 11.8cm, Width 6cm

征集
巴尔虎博物馆藏

　　铁质。镫环呈圆弧状，上部有一方形悬环，镫柄两侧镂空。踏板近长方形，底面内凹。

马镫
Stirrups

高16厘米，踏板长13.5、宽8.7厘米
Height 16cm,
Pedal: Length 13.5cm, Width 8.7cm

征集
巴尔虎博物馆藏

　　1对。铁质。镫环呈圆弧状，上方有长方形穿孔。镫柄两侧加宽，上面装饰镂空万字纹。踏板近椭圆形，底面内凹，有明显的使用痕迹。

马鞭
Horsewhip

通长61.2、棍长41.7、鞭长19.5厘米
Total Length 61.2cm; Stick: Length 41.7cm;
Whip: Length 19.5cm.

阿敦础鲁苏木克尔伦嘎查征集
巴尔虎博物馆藏

　　由棍和鞭两部分组成。棍为木质，头部16厘米处包黑色皮质。鞭身皮质，部分缠于棍上，坚固紧实。

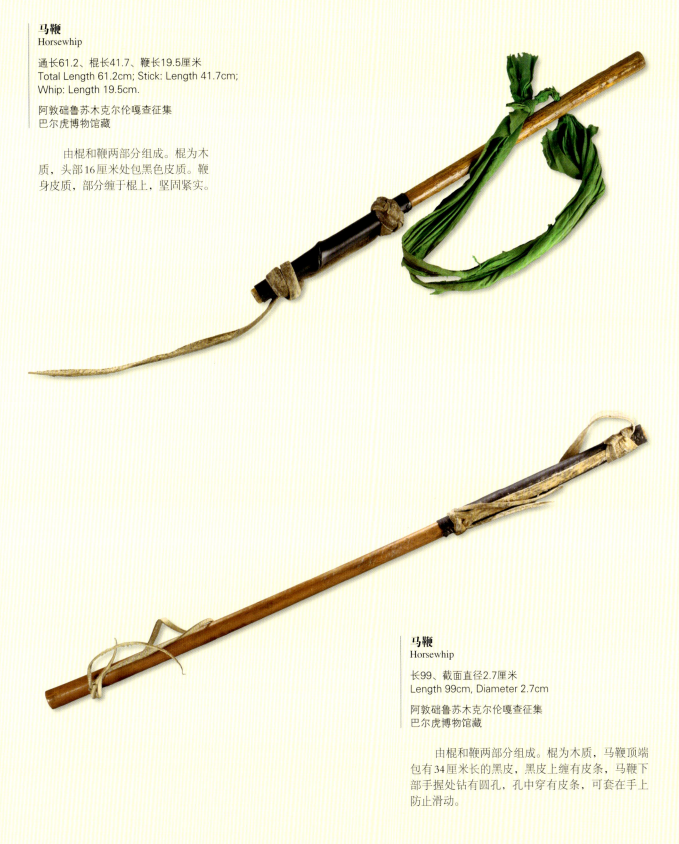

马鞭
Horsewhip

长99、截面直径2.7厘米
Length 99cm, Diameter 2.7cm

阿敦础鲁苏木克尔伦嘎查征集
巴尔虎博物馆藏

　　由棍和鞭两部分组成。棍为木质，马鞭顶端包有34厘米长的黑皮，黑皮上缠有皮条，马鞭下部手握处钻有圆孔，孔中穿有皮条，可套在手上防止滑动。

刮马汗板
Horse Scraper

通长40.5、铲宽4.3、把手长13.1厘米
Total Length 40.5cm, Shovel: Width 4.3cm,
Handle; Length 13.1cm

阿敦础鲁苏木征集
巴尔虎博物馆藏

　　竹质。两侧经刮削修整略薄。板身中部、顶部及柄部刻有席纹，板身中部和手柄末端有镂空的吉祥纹。

刮马汗板
Horse Scraper

长45、把手长12.5、铲宽4.5厘米
Total Length 45cm, Handle: Length 12.5cm,
Shovel: Width 4.5cm

征集
巴尔虎博物馆藏

　　木质。两侧经刮削修整而略薄。板身刻有草原五畜，即牛、马、骆驼、山羊、绵羊，周围装饰有连续几何纹。手柄上写有一段蒙古文墨书，意为"五畜"，末端刻一个五角星。

蒙古族视马为自己的朋友，骑手要随身携带刮马汗板，将其插在马靴里。卸掉马鞍后，要及时给马刮去身上的汗水，防止马因受凉而生病，同时帮助马消除疲劳。

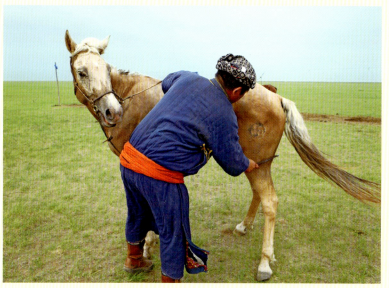

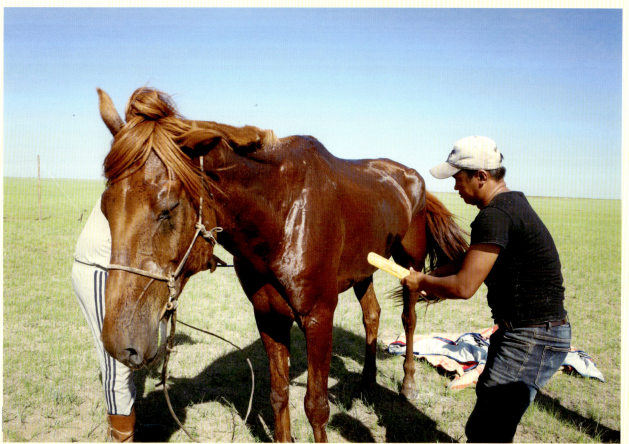

用刮马汗板给马刮汗（苏德夫摄）
Scraping a Horse (photographed by Sodhuu)

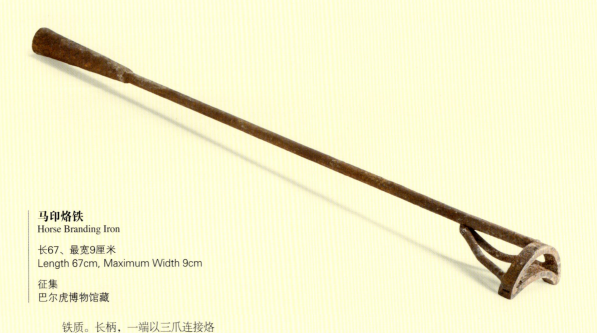

马印烙铁
Horse Branding Iron

长93.3、烙印直径9.5厘米
Length 93.3cm, Diameter 9.5cm

征集
巴尔虎博物馆藏

　　铁质。长柄，一端以四爪连接烙铁。
烙铁外为圆形，中间有十字交叉图案。

马印烙铁
Horse Branding Iron

长67、最宽9厘米
Length 67cm, Maximum Width 9cm

征集
巴尔虎博物馆藏

　　铁质。长柄，一端以三爪连接烙
铁，烙铁图案呈月牙形。

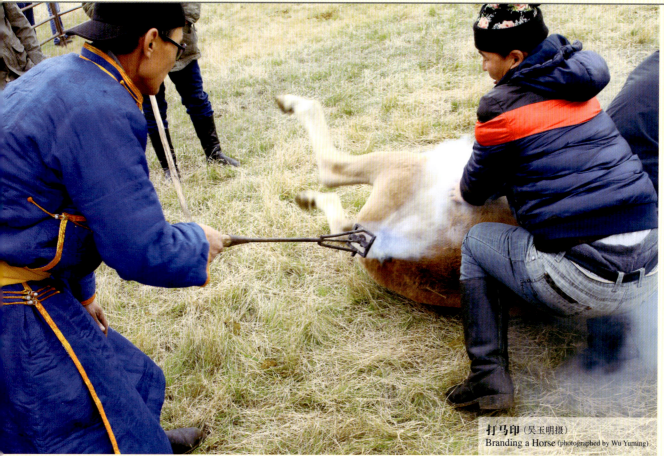

打马印 (吴玉明摄)
Branding a Horse (photographed by Wu Yuming)

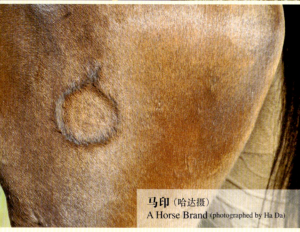

马印 (哈达摄)
A Horse Brand (photographed by Ha Da)

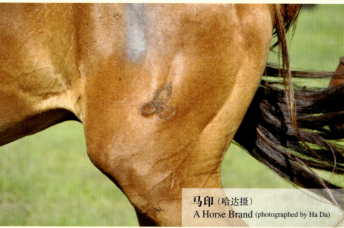

马印 (哈达摄)
A Horse Brand (photographed by Ha Da)

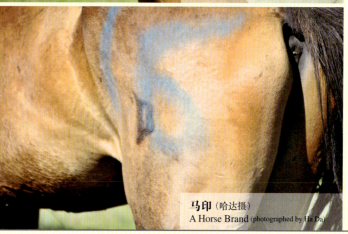

马印 (哈达摄)
A Horse Brand (photographed by Ha Da)

　　蒙古语将打马印称为"塔穆嘎"。牧民为一至二岁的小马打烙印，一般烙在马的左臀，作为自家马群的标志。依据不同形状的印记，可以区分马的主人。

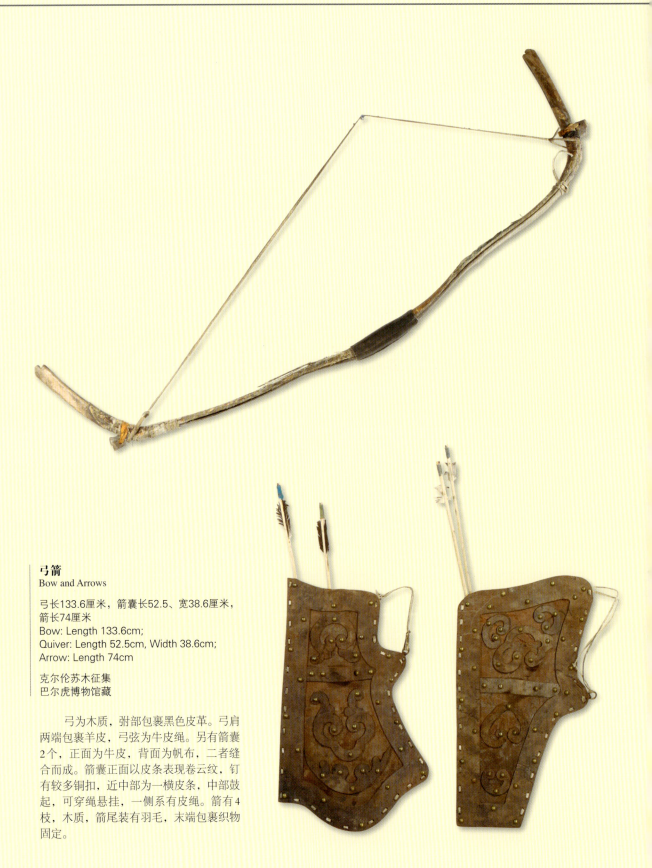

弓箭
Bow and Arrows

弓长133.6厘米，箭囊长52.5、宽38.6厘米，
箭长74厘米
Bow: Length 133.6cm;
Quiver: Length 52.5cm, Width 38.6cm;
Arrow: Length 74cm

克尔伦苏木征集
巴尔虎博物馆藏

　　弓为木质，弣部包裹黑色皮革。弓肩
两端包裹羊皮，弓弦为牛皮绳。另有箭囊
2个，正面为牛皮，背面为帆布，二者缝
合而成。箭囊正面以皮条表现卷云纹，钉
有较多铜扣，近中部为一横皮条，中部鼓
起，可穿绳悬挂，一侧系有皮绳。箭有4
枝，木质，箭尾装有羽毛，末端包裹织物
固定。

蒙古刀
Mongolian Knife

长74.5、宽12.5、刀柄长7.5厘米
Length 74.5cm, Width 12.5cm, Handle Length 7.5cm

征集
巴尔虎博物馆藏

　　由刀和刀鞘两部分组成。刀身铁质，刀柄木质。刀头上翘，刀柄尾部加一道铁箍。刀鞘皮质，上面缝有环带，方便使用。

火药工具
Gunpowder Tools

大牛角长16.3、小牛角长7.5厘米，
皮袋长10.3～13.6、宽6.2～7.8厘米，
铁片长10.2～11.5、宽1.5厘米，
木棒长16厘米，
铜瓶通高7.5厘米
Big Horn: Length 16.3cm
Small Horn: Length 7.5cm
Leather Bag: Length 10.3~13.6cm, Width 6.2~7.8cm
Iron Bar: Length 10.2~11.5cm, Width 1.5cm
Wooden Stick: Length 16cm
Copper Bottle: Total Height 7.5cm

征集
巴尔虎博物馆藏

　　由大牛角、小牛角、皮囊袋、铁片、木棒等
器物组成，用牛皮绳串起来。其中大牛角1对，
底部以木塞堵塞，小牛角1个，均用以盛装火药。
皮囊带1对，较大的装有铅弹，较小的装有火石。
铁片1枚，作火镰使用。另有铜瓶1件，盖上和颈
部有环，腹部饰瓦棱纹。

火枪和牛角火药壶（组件）
Musket and Horn Gunpowder Pots (Components)

火枪1件，火药壶2件。
火枪通长136厘米，
枪管长87、宽4.3、外口径2.5厘米，
枪托宽9厘米，支架长114、直径2.4厘米。
其中I号火药壶长16、长径5厘米，
II号火药壶长16.8、长径4.5厘米。
One Musket and Two Gunpowder Pots.
Musket: Length 136cm.
Barrel: Length 87cm, Width 4.3cm, Diameter 2.5cm.
Stock: Width 9cm. Rack: Length 114cm, Diameter 2.4cm.
Gunpowder Pot I: Length 16cm, Diameter 5cm.
Gunpowder Pot II: Length 16.8cm, Diameter 4.5cm.
征集
巴尔虎博物馆藏

　　枪托为木质，枪管为铁质。枪托和枪管外用黑色
皮料包裹。枪托底部包有吉祥纹铜饰，枪管两侧装饰
圆形和菱形铜扣，枪口包有花纹铜饰。枪身前段和后
段用铜条固定。枪托与枪管之间是保险和栓。枪管前
段有两根木质支架，用铁条和铜条加固，支架上各有
两段螺旋纹。支架底部为动物角制成，呈弯钩状。
　　两个火药壶均用牛角制成。其中I号火药壶用木质
盖封口，角内侧嵌骨质弯钩；II号火药壶用皮料封口，
角内侧嵌骨质细棍。铁条呈长条状，一端有穿孔，用
来系火药壶，向另一端渐宽，宽端有刃。

羊毛剪刀
Wool Scissors

长27.8、宽11.6厘米
Length 27.8cm, Width 11.6cm

征集
巴尔虎博物馆藏

铁质。手工打制，有锈蚀痕迹，刃口较锋利。

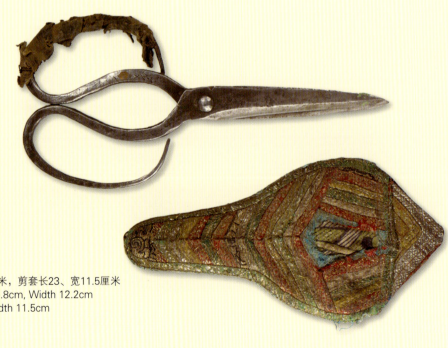

羊毛剪刀
Wool Scissors

剪刀通长26.8、宽12.2厘米，剪套长23、宽11.5厘米
Scissors: Total Length 26.8cm, Width 12.2cm
Pouch: Length 23cm, Width 11.5cm

杭乌拉苏木芒来嘎查征集
巴尔虎博物馆藏

由剪刀和剪套两部分组成。剪刀铁质，一侧
把手上缠布条。剪套由织金银缎面布条拼接、缝
制而成，内里为藏蓝色、天蓝色棉布拼接而成。
在剪套尾端的三角形边缘内，缝有金属质的固定
暗扣。

巴尔虎妇女剪羊毛（苏德夫摄）
Barag Women Shearing Sheep (photographed by Sodhuu)

纺锤
Spindle

通高23.8、底径7、底厚1.7厘米
Total Height 23.8cm, Bottom Diameter 7cm,
Bottom Thickness 1.7cm

阿拉坦额莫勒镇征集
巴尔虎博物馆藏

　　木质。底部呈红褐色，纺锤杆顶部
较尖，杆上缠绕驼绒线，线呈黑褐色和乳
白色。

用牛角奶瓶喂奶（王苹绘）
Feeding Lambs with a Horn Feeding Bottle (Painted by Wang Ping)

牛角奶瓶
Horn Feeding Bottle

长20.3、口径5.4厘米
Length 20.3cm, Mouth Diameter 5.4cm

杭乌拉苏木征集
巴尔虎博物馆藏

　　截取牛角靠近角尖部分制成，主要用来哺乳小羊。角尖处开一圆形口，在口上方刻划有固定哺乳奶嘴的凹槽。

牛角奶瓶
Horn Feeding Bottle

长14、口径5.2厘米
Length 14cm, Mouth Diameter 5.2cm

杭乌拉苏木征集
巴尔虎博物馆藏

　　截取牛角靠近角尖部分制成。角尖处开一圆形口，其上用绳子固定一个皮质奶嘴。

风干的牛粪，蒙古语叫作"阿日嘎勒"，是牧民做饭、取暖的主要燃料。捡拾牛粪是蒙古族妇女的一项重要工作。毡房外堆放整齐的牛粪，是牧区的一道特殊风景。

牛粪垛（苏德夫摄）
Cowpat Pile (photographed by Sodhuu)

柳编筐和粪叉
Willow Basket and Cowpat Fork

筐口边长46、深48厘米，木叉通长130、杆长105、叉头长25、宽24厘米。
Basket: Side Length 46cm, Depth 48cm
Fork: Total Length 130cm,
Rod: Length 105cm,
Fork Head: Length 25cm, Width 24cm

克尔伦苏木征集
巴尔虎博物馆藏

牛粪筐的筐口呈方形，用柳条编制，皮条固定，拴有麻绳以便背携。粪叉用铁丝和皮条捆绑，共有六齿。

捡牛粪（王苹绘）
Collecting Cowpats (Painted by Wang Ping)

兽医工具
Veterinary Tools

皮套长24、宽12～18厘米
Cover: Length 24cm, Width 12~18cm

宝东苏木征集
巴尔虎博物馆藏

　　由2件皮套和7件医用工具组成。皮套呈喇叭状，顶部缝制有皮条，皮条另一端系有花瓣形景泰蓝扣饰，最外层皮套上有铁质的十字形标志。医用工具中有5件金属制品和2件竹木制品。

鞣皮工具
Tanning Tool

长41、宽4厘米
Length 41cm, Width 4cm

杭乌拉苏木芒来嘎查征集
巴尔虎博物馆藏

　　木质。长条形，中间最窄，两边有孔，似"8"字形，穿入皮条。

皮革加工是巴尔虎蒙古人古老而悠久的传统技艺。在生产和生活中，他们以皮子为原料，制作了许多产品，这些皮制品几乎涉及游牧生活的方方面面，并由此形成了丰富多彩的皮制品文化。皮料的加工是整个皮制品制作的准备工作，也是制作精良皮制品的基础。

皮料的加工主要包括割皮条、熟皮、硝皮、抻皮条等步骤。首先是割皮条，一般是把剥下的皮子叠好冻起来，来年春末夏初时在河里或是在大水盆里泡上皮子，泡湿之后将其取出，进行晾晒，待微干时将皮子割成条状，称为皮条。如只需要皮子的光板，则还会在这之前用专门的刮毛刀刮掉油脂和毛。接下来是熟皮，包括缸内发酵、土壤内发酵和手工熟皮三种方法；硝皮包括酸奶汁硝皮、乳清硝皮、奶酪硝皮三种方法。在熟皮和硝皮完成之后，还要进行抻皮条。抻皮条是一个反复制作的过程，一根皮条一般需反复抻上千次，比较费时费力，所以这道工序在制作的时候，一般男子也需要几天的时间。

除上述加工方法外，巴尔虎蒙古人还有一项皮料的加工方法，即熏羊皮。熏羊皮指的是用焚烧马粪或牛粪的烟雾把羊皮熏黄，一般在冬季进行。熏皮时先挖好熏窖，深度在两尺左右，窖口圆而小，窖形为壶腹形。熏皮子之前把三四个羊皮缝制在一起，几张羊皮头部都朝一个方向，形成上尖下阔的锥形皮筒子状。然后用手指粗的柳树枝绑成一个三角架，将三脚架立在窖口上，再将缝好的羊皮筒子套在架子上。缝制的皮子之间不能留有缝隙，否则烟熏会不均匀。熏制的时间一般不能超过一个小时，以防止颜色过深。有时为了去除皮袍的异味，会在熏制过程中加入香草焚烧，这样会使熏出来的皮袍带有一种香草的清香味道。熏制的皮袍还具有防蛀、防污和久穿不变形、美观大方的特点。

无论是熟皮、刮毛、硝皮，抑或是抻皮条、熏羊皮，都不是一个简单的过程，也正是因为有着严格的手工制作流程，制作的成品才能既美观又耐用，深刻体现了巴尔虎蒙古人的勤劳和智慧。

熟皮工具
Processing Tool for Leather

铲高27.7、最宽23.8厘米、木把长53.5、高16.3厘米
Spade: Height 27.7cm, Maximum Width 23.8cm
Handle: Length 53.5cm, Height 16.3cm

征集
巴尔虎博物馆藏

铁铲，上有凹弧形木把，把下的木柄极短。铲身近梯形，弧刃。熟皮子时，用来刮除皮上残存的脂肪。

制银器工具
Processing Tools for Silverware

铁钳长12.5～26.6、宽4.6～6.8厘米，镊子长19.7、最宽1.2厘米，木锤长27.2、宽3～13厘米，铁锤长17.3～25.6、锤头长5.5～16.7厘米，錾子长3.9～10.4厘米，加工银子弯度的工具长24.1厘米，锉长10.7～24.7厘米，风箱长30.7、宽11.2～22.3、高18.3厘米，煤油罐高16、直径12.2厘米
Iron Pincers: Length 12.5~26.6cm, Width 4.6~6.8cm.
Tweezers: Length 19.7cm, Maximum Width 1.2cm.
Wooden Hammer: Length 27.2cm, Width 3~13cm.
Iron Hammer: Length 17.3~25.6cm, Head Length 5.5~16.7cm. Chisel: Length 3.9~ 10.4cm.
Curving Tool: Length 24.1cm. File: Length 10.7~ 24.7cm. Bellows: Length 30.7cm, Width 11.2~ 22.3cm, Height 18.3cm. Kerosene Can: Height 16cm, Diameter 12.2cm.

征集
巴尔虎博物馆藏

共51件。其中包括风箱1件、木墩1件、铁墩1件、钳子4件、镊子1件、錾花工具16件、加工银子弯度的工具1件、锉21件、铁锤4件、木锤1件。

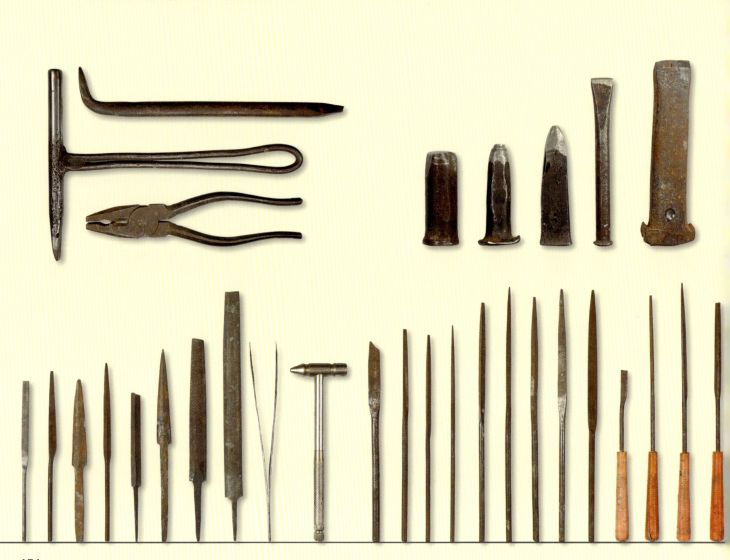

铁锁
Iron Lock

通长11.5、宽3.2厘米
Total Length 11.5cm, Width 3.2cm

达赉东苏木征集
巴尔虎博物馆藏

铁质。钥匙已缺失。

铁锁
Iron Lock

长10.6、宽3.3厘米
Total Length 10.6cm, Width 3.3cm

达赉东苏木征集
巴尔虎博物馆藏

铁质。由锁和钥匙两部分组成。

木桌
Wooden Desk

高39、长68.7、宽26厘米，桌厚3.5厘米
Height 39cm, Length 68.7cm, Width 26cm,
Desktop Thickness 3.5cm

贝尔苏木征集
巴尔虎博物馆藏

　　四腿矮桌，采用雕刻、彩绘等工艺，造型繁复。正面挡板上彩绘云纹，并且雕刻荷花纹。正面两条桌腿为雕刻而成，上面彩绘云纹。背面两条桌腿的横截面为方形。手绘图案存在脱落现象。

梳妆柜
Dresser

长49.8、宽22、高36.6厘米
Length 49.8cm, Width 22cm, Height 36.6cm

征集
巴尔虎博物馆藏

　　木质。柜顶和侧面糅红色漆，正面漆皮脱落严重。分为上下两层，上层有两个小抽屉，下层是一个抽屉，抽屉上均有心形铜片抓手。抽屉正面装饰金色花草纹，边缘装饰云纹、几何纹。抽屉内有后补的白色铁皮。

木枕
Wooden Pillow

长38.5、宽12.2厘米、展开后高14.5厘米
Length 38.5cm, Width 12.2cm,
Unfolding Height 14.5cm

征集
巴尔虎博物馆藏

由整块木板制成，表面刷宝蓝色漆。打开以后形似板凳，折叠起来又是一个扁长方体。边角有磨损痕迹。此为"鲁班枕"，打开可做板凳，折叠可为枕头，制作精巧，工艺复杂。

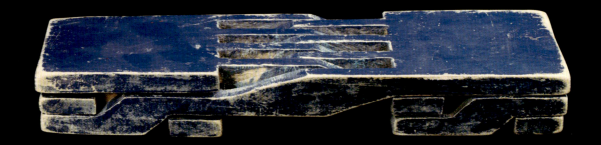

捣茶木臼
Wooden Mortar for Pounding Tea

高28.4、外口径14、内口径6.8厘米
Height 28.4cm, Outer Diameter 14cm,
Inner Diameter 6.8cm

征集
巴尔虎博物馆藏

　　由整块木头雕刻而成，做工精细。口沿下和足部饰两组粗绳纹。腹部饰回字纹和吉祥纹样。底部较高，上面雕刻回字纹。口部钉有10颗铜钉，口沿侧面装一铁环，便于穿绳携带。臼内残存茶叶末。

捣茶木臼
Wooden Mortar for Pounding Tea

高25.7、口径14.4、底径14.4厘米
Height 25.7cm, Mouth Diameter 14.4cm,
Bottom Diameter 14.4cm

征集
巴尔虎博物馆藏

　　由整块木头雕刻而成，中空。口沿外侧刻有斜线组成的几何纹，臼身刻有上下对称的莲瓣纹，中部雕刻瓦棱纹。底座较高，上部有一周小莲瓣纹。

砖茶袋
Brick Tea Bag

长70、宽25厘米
Length 70cm, Width 25cm

呼伦苏木白音陶力木嘎查征集
巴尔虎博物馆藏

　　由马驹皮制成。平面近长方形，棕色毛皮朝外。缝合处露出红色布边。

皮袋
Leather Bag

长57、宽34.7厘米
Length 57cm, Width 34.7cm

赛汗塔拉苏木白音诺尔嘎查征集
巴尔虎博物馆藏

　　由整块羊皮制成，一侧缝合。袋口缝有布条，袋身与布条相接处略有破损，袋身缝合处打有布补丁。

皮米袋
Leather Bag

高65、直径24厘米
Height 65cm, Diameter 24cm

呼伦苏木白音陶力木嘎查征集
巴尔虎博物馆藏

　　由马驹皮制成。直筒状，袋口处缝有吉祥纹、几何纹及花卉纹布边，袋上缝有红色布条，可系紧收口。

木托盆
Wooden Basin

通高17、长57.5、宽30.7厘米，足长22、足高4厘米
Total Height 17cm, Length 57.5cm, Width 30.7cm,
Foot Length 22cm, Foot Height 4cm

宝东苏木征集
巴尔虎博物馆藏

　　木质。口大底小，平底内凹。木托盆外部上下均以铜条加固，底部两足由两根木条组成。器表髹红漆，脱落严重。为盛贮肉食的器具。

奶豆腐模具
Milk Tofu Mould

长16、宽5厘米
Length 16cm, Width 5cm

征集
巴尔虎博物馆藏

　　木质。长条形，两端为半圆形。正面雕刻图案，外围有3圈凸弦纹，内部主体为3组圆形图样，其余部分为几何纹。背后还有1块小木板，便于手拿操作。

奶豆腐模具
Milk Tofu Mould

长53.2、宽11.7厘米
Length 53.2cm, Width 11.7cm

征集
巴尔虎博物馆藏

　　木质。由上下两块长方形木板组成。上层有5个圆孔，正对着下层雕刻出来的圆形花纹。上层的两侧还各有一块小木板，便于手拿操作。

酸奶桶
Yogurt Bucket

桶高61、口径19.5、底径33.4、深47厘米，桶
盖直径33厘米，捣具高46厘米
Bucket: Height 61cm, Mouth Diameter 19.5cm,
Bottom Diameter 33.4cm, Depth 47cm
Lid: Diameter 33cm
Stirring Tool: Height 46cm

杭乌拉苏木其其格乐嘎查征集
巴尔虎博物馆藏

　　由木桶、桶盖和捣具三部分组成。桶体
呈圆柱形，口小底大，口部外伸两耳，底部
用铁圈箍紧。桶盖两侧有缺口，与两耳嵌合，
盖中部有一圆孔。圆棍状捣具，底部两块木
板呈十字形。

奶桶
Milk Bucket

高29.5、口径32、底径28.5厘米
Height 29.5cm, Mouth Diameter 32cm,
Bottom Diameter 28.5cm

克尔伦苏木征集
巴尔虎博物馆藏

　　铜质。口小底大，平底略内凹。桶身中部和底部均有一圈凸棱，其上錾刻波浪纹，凸棱上下錾刻莲花纹。桶身上部两侧钉有两块长方形铜片，上面装饰莲花纹，铜片上装有铜环扣，安装铁质提梁把手。

奶桶
Milk Bucket

通高51.5、桶高40、口径12、底径24.5厘米
Total Height 51.5cm. Bucket: Height 40cm, Mouth
Diameter 12cm, Bottom Diameter 24.5cm

克尔伦苏木征集
巴尔虎博物馆藏

　　铜质。直口，折肩，筒形腹，底部凹凸不平。有盖，盖上有弧形提手。桶身由两块铜板焊接而成，肩部有磨损。

奶桶
Milk Bucket

高29.5、口径33、底径29.6厘米
Height 29.5cm, Mouth Diameter 33cm, Bottom
Diameter 29.6cm

阿拉坦额莫勒镇征集
巴尔虎博物馆藏

　　筒身用红铜制成，两侧各有一个黄铜提
环，口部、腰部和底部均有一道黄铜箍。口部、
腰部、底部以及提环处包以银片，其上錾刻卷
枝纹。

水桶
Water Bucket

高27、口径27.7、底径25.5厘米
Height 27cm, Mouth Diameter 27.7cm,
Bottom Diameter 25.5cm

阿拉坦额莫勒镇征集
巴尔虎博物馆藏

　　铜质。筒形，平底内凹。口沿下两
侧各有一个黄铜提环，从口沿到底部有
4道黄铜箍。

木桶
Wooden Bucket

高18.5、口径24.5、底径23.5厘米
Height 18.5cm, Mouth Diameter 24.5cm, Bottom
Diameter 23.5cm

征集
巴尔虎博物馆藏

　　由木条拼接而成，外侧有铜片与铜箍。口
略大于底，口部、中部和底部有三道铜箍，铜箍
内还有一圈铜片，上刻缠枝纹。桶身两侧各有一
铜环。

火撑
Pot Support

高44.1、直径36.4厘米
Height 44.1cm, Diameter 36.4cm

达赛苏木伊和诺尔嘎查征集
巴尔虎博物馆藏

　　铁质。蒙古语叫作"图拉嘎"，是蒙古包内的灶具。由4根纵向支架和4圈横向围箍组成，每根支架上部有6个卷涡纹，顶部有尖端弯折，伸向内侧，其上放锅。其中一侧支架用铁条加固。将燃料放在火撑内，其上放置铜锅，可用于炊煮食物。

铁火钳
Iron Tongs

通长52.5厘米
Total Length 52.5cm

阿拉坦额莫勒镇征集
巴尔虎博物馆藏

　　铁质。钳臂尖端轧平，呈尖状，钳肩处交叉、嵌套连接，手柄呈半弧状，尾端卷曲。

铜锅
Copper Pot

高23.4、口径48、底径35厘米
Height 23.4cm, Mouth Diameter 48cm,
Bottom Diameter 35cm

阿拉坦额莫勒镇征集
巴尔虎博物馆藏

　　敛口展沿，弧腹，圜底，口沿外
两侧有铁环，底部凹凸不平。器表内
外有明显的烟炱痕。

铜锅
Copper Pot

高19、口径27、底径26.5厘米
Height 19cm, Mouth Diameter 27cm,
Bottom Diameter 26.5cm

达赛苏木阿尔山嘎查征集
巴尔虎博物馆藏

　　子母口，口沿微侈，筒形浅腹，
大平底，颈部两侧各有一个环形把
手。器盖有喇叭形捉手。器表有锈
蚀，底部有烟炱痕。

笼屉
Steamer

直径32、通高30.5、器身高23厘米
Diameter 32cm, Total Height 30.5cm,
Trays Height 23cm

阿拉坦额莫勒镇杭乌拉苏木征集
巴尔虎博物馆藏

　　铜质。由盖和两层笼屉组成。
盖为后配，盖顶有纽，盖上有4个排
气小孔。每层笼屉两侧各有一个提
环。笼屉内有2个可拆卸的箅子。

铜盆
Copper Basin

高10、口径38.5、底径29厘米
Height 10cm, Mouth Diameter 38.5cm,
Bottom Diameter 29cm

征集
巴尔虎博物馆藏

敞口，近直壁，平底略内凹，外部有烟炱痕。

铜勺
Copper Spoon

通长42、把长29.5厘米，勺直径11.5、深3.5厘米
Total Length 42cm, Handle Length 29.5cm,
Spoon Diameter 11.5cm, Depth 3.5cm

阿拉坦额莫勒镇征集
巴尔虎博物馆藏

勺面略呈圆形，细长柄，柄末端卷曲，尾部有一挂钩。有明显的使用痕迹。

铜盆
Copper Basin

高7.8、口径27.6、底径19厘米
Height 7.8cm, Mouth Diameter 27.6cm,
Bottom Diameter 19cm

杭乌拉苏木其其格乐嘎查征集
巴尔虎博物馆藏

敞口，平底。表面凹凸不平。

银盘
Silver Plate

高6.9、口径28.1厘米，圈足高4、足径17.8厘米
Total Height 6.9cm, Mouth Diameter 28.1cm, Ring
Foot Height 4cm, Ring Foot Diameter 17.8cm

杭乌拉苏木芒来嘎查征集
巴尔虎博物馆藏

　　由盘身与圈足两部分组成。工艺为先锤鍱，
再焊接而成。宽沿，浅腹，高圈足。盘内正面錾
刻团龙纹，衬以鱼子地纹。盘外壁錾刻仰莲纹，
圈足外壁錾刻覆莲纹。

铜盘
Copper Plate

高9、盘直径45.5厘米，圈足高4、足径29.5厘米
Total Height 9cm, Mouth Diameter 45.5cm, Ring Foot Height 4cm, Ring Foot Diameter 29.5cm

阿拉坦额莫勒镇征集
巴尔虎博物馆藏

　　宽沿，浅折腹，高圈足。盘身与圈足焊接而成。用来放奶制品。

铜盘
Copper Plate

高5.1、口径24.5、底径13.9、圈足高2.6厘米
Total Height 5.1cm, Mouth Diameter 24.5cm, Ring Foot Diameter 13.9cm, Ring Foot Height 2.6cm

征集
巴尔虎博物馆藏

　　圆唇，平沿，浅腹，高圈足，圈足外撇。

铜盘
Copper Plate

高5、口径30、足高3.4、底径21.6厘米
Total Height 5cm, Mouth Diameter 30cm, Ring Foot Height 3.4cm, Ring Foot Diameter 21.6cm

征集
巴尔虎博物馆

　　铜质，盘内镀银。圆唇，平沿，盘中部内凹，圈足较矮。有明显的使用痕迹。

铜盘
Copper Plate

高9.5、口径29、底径18厘米
Height 9.5cm, Mouth Diameter 29cm,
Ring Foot Diameter 18cm

克尔伦苏木乌力吉图嘎查征集

　　盘内及圈足镀银。敞口、圆唇、高圈足。盘口较平缓，其上雕刻花瓣纹。盘内底刻有龙纹、云纹与波浪纹。喇叭状高圈足，上饰覆莲纹。

铜盘
Copper Plate

高9.9、口径29.4、底径18厘米
Height 9.9cm, Mouth Diameter 29.4cm,
Ring Foot Diameter 18cm

征集
巴尔虎博物馆藏

　　盘内及圈足镀银。敞口，圆唇，高圈足。盘口较平缓，其上錾刻花瓣纹。盘底錾刻龙纹、云纹和波浪纹，圈足錾刻覆莲纹。

五畜铜挂盘
Copper Hanging Plate with Animal Patterns

直径16.7厘米
Diameter 16.7cm

征集
巴尔虎博物馆藏

　　铜质。正圆形，盘底中央凸起，以浮雕技法雕刻马、牛、骆驼、山羊、绵羊五畜，五畜中央为花卉纹，外围装饰吉祥纹样。盘底有挂钩，可悬挂。

水壶
Copper Bottle

通高40.5、最宽30、厚17厘米，壶口径9厘米
Total Height 40.5cm, Maximum Width 30cm,
Thickness 17cm, Mouth Diameter 9cm

征集
巴尔虎博物馆藏

　　铜质。由壶身、壶盖组成。壶体扁，平面呈圆形，小口，短颈，平底，由两块铜板焊接而成。盖平，顶部有环。壶身两侧各有两个铜环，用于系绳。壶身使用痕迹明显，有破损，上焊两个补丁。

铜壶
Copper Kettle

通高25、口径10.5、腹径20、底径11.4厘米
Total Height 25cm, Mouth Diameter 10.5cm,
Belly Diameter 20cm, Bottom Diameter 11.4cm
达赛苏木阿尔山嘎查征集
巴尔虎博物馆藏

　　由壶身、壶盖组成。壶盖隆起，子母口，盖边缘饰如意头纹一周。球形纽，纽下饰莲瓣纹。壶身直口，圆肩，弧腹，平底。肩部装有桥形提梁，长曲流，为后期焊接，流口装饰回纹与花叶纹。此为盛倒奶茶的壶。

东布壶
Dongbu Jug

通高12.5、底径6、口径4.5厘米
Total Height 12.5cm, Bottom Diameter 6cm,
Mouth Diameter 4.5cm

征集
巴尔虎博物馆藏

　　铜质。器物呈竹节状，上细下粗，平底内凹，壶身有三道黄铜箍加固。口部封顶并有冲天流，封顶上有漏孔。把手两端有环组，可移动，把手上饰有三组涡纹。

东布壶
Dongbu Jugs

高31.9、底径12.2、口径9厘米
Height 31.9cm, Bottom Diameter 12.2cm,
Mouth Diameter 9cm

征集
巴尔虎博物馆

　　2件。铜质。器形近同，呈竹节状，上细下粗，平底内凹，壶身有四道黄铜箍加固。口部封顶，有流，封顶上有漏孔，外接把手。系盛奶茶或酒的器皿。东布壶源自中亚地区的多穆壶，元代时传入中国。

银酒具
Silver Wine wares

酒壶高13、口径5.5、底径3.8厘米
酒盅高6、口径3.2、底径3.5厘米
Bottle: Height 13cm, Mouth Diameter 5.5cm,
Bottom Diameter 3.8cm. Goblet: Height 6cm,
Mouth Diameter 3.2cm, Bottom Diameter 3.5cm

阿敦础鲁苏木征集
巴尔虎博物馆藏

　　由1件酒壶和2件酒盅组成。酒壶喇叭口、
长颈、溜肩、鼓腹、平底。酒盅侈口、长柄、
中部凸起、圈足。酒壶有明显的使用痕迹。

银酒壶
Silver Wine Bottle

通高12.8、口径5、底径3.5厘米
Total Height 12.8cm, Mouth Diameter 5cm,
Bottom Diameter 3.5cm

贝尔苏木贝尔嘎查征集
巴尔虎博物馆藏

　　敞口，卷沿，长束颈，中间有一周凸
棱，折肩，弧腹，平底。壶身变形严重，壶
身及壶底有焊接痕迹。

银酒杯
Silver Wine Cup

通高2.4、口径4.2、足高0.7、底径2.1厘米
Total Height 2.4cm, Mouth Diameter 4.2cm,
Foot Height 0.7cm, Foot Diameter 2.1cm

贝尔苏木莫能塔拉嘎查征集
巴尔虎博物馆藏

　　敞口，鼓腹，圈足。两侧各有一个
把手，由银丝盘结而成。

包银木碗
Silver-plated Wooden Bowl

高5.2、口径11.5、底径6.8厘米
Height 5.2cm, Mouth Diameter 11.5cm,
Bottom Diameter 6.8cm
征集
巴尔虎博物馆藏

　　碗为木胎，碗内壁和外壁局部包银。
侈口，弧腹下收，高圈足。腹下外壁錾刻
一周竖莲瓣纹、两周镂空的莲瓣纹，碗底
錾刻莲花纹。

包银木碗的制作
Making Silver-plated Wooden Bowl

　　包银木碗是巴尔虎蒙古人在日常生活中普遍使用的器皿，造型美观大方，而且极富实用性，深受人们喜爱。包银木碗的制作是一种历史悠久的手工技艺，与其相关的"铜银器制作技艺"已经列入呼伦贝尔"市级非物质文化遗产"名录。

　　包银木碗的制作工艺十分考究，有着一套细致的流程。

　　第一步，木质碗胎的制作以及外包银片纹样图纸的绘制。碗胎原料一般选用桦树的根部，这是因为桦木较轻，便于携带，而且质地坚硬，不易变形。制作时，先将原料刨制出大致的形状，再打磨抛光成型。成型之后，对碗胎的整体尺寸进行测量，再据此对外包银片的纹样进行设计，并在纸上绘制成图。

　　第二步，采用锤鎌工艺制作外包银片。锤鎌工艺是金银器制作中最主要的成形工艺，这种工艺充分利用了金、银质地柔软、延展性强的特点，用锤子敲打金、银，使之延展成片状，再按需求打造成各种器形。具体步骤是首先使用火枪和风箱对准备好的银块或银条进行熔融，待其熔化成液体后将其迅速冷却，之后立即用锤子敲打，使其延展成银片。在此过程中需要掌握好力度，用力不均匀会导致银片厚薄不均。捶打到合适的厚度后，再用钳子按照尺寸对银片进行裁剪、修整，得到所需要的外包银片。

　　第三步，银片纹样的錾刻以及银片与碗胎的套接。首先是将图纸贴附在裁剪好的银片上，然后根据纹样的不同选用相对应的錾子，一手持錾，另一手持锤，不断地捶打，期间不断变换方向、旋转银片，直至完成全部纹样的錾刻。錾刻完成后，将口沿、圈足等外包银片套接在此前做好的木质碗胎上，通过不断调整，使外包银片和碗胎达到严丝合缝的程度，再对其进行最后的修整和打磨。至此，一件蒙古族传统的包银木碗制作完成。

1. 制作木碗
Making Wooden Bowl

2. 测量木碗尺寸
Measuring

制作包银木碗的呼伦贝尔市级非物质文化遗产"铜银器制作技艺"传承人都古日扎布（双龙摄）
Dugurizhabu, the Inheritor of Intangible Cultural Heritage of Copper-and-silver-plated Technique at the Municipal Level of Hulunbuir, Making Silver-plated Wooden Bowl (photographed by Shuanglong)

3. 手绘图纸
Drawing

4. 熔化银块
Melting Silver

5. 锤成银片
Malleating Silver

6. 剪裁银片
Cutting Silver

7. 錾刻银器图案
Malleating Patterns

8. 把银质口沿和圈足套在木碗上
Plating Silver on Wooden Bowl

琥珀碗
Amber Bowl

高4.4、口径8.7、底径4.3厘米
Height 4.4cm, Mouth Diameter 8.7cm,
Bottom Diameter 4.3cm

阿拉坦额莫勒镇征集
巴尔虎博物馆藏

　　平唇，深弧腹，小平底内凹。口沿外刻划一周回纹。碗身浮雕花叶葫芦纹。口沿有残损。

铜碗
Copper Bowl

高3.9、口径8.2、底径4.6厘米
Height 3.9cm, Mouth Diameter 8.2cm,
Bottom Diameter 4.6cm

阿拉坦额莫勒镇征集
巴尔虎博物馆藏

　　敞口，斜腹，圈足。外壁口沿饰两周凹弦纹，间饰花草纹，内壁饰有龙纹、凤纹和福字、喜字。

木碗
Wooden Bowl

高7.7、口径14、底径8.5厘米
Height 7.7cm, Mouth Diameter 14cm,
Bottom Diameter 8.5cm

征集
巴尔虎博物馆藏

　　由碗和盖两部分组成，子母口。盖顶画有缠枝花卉纹，盖周饰短竖线纹。器身扁鼓腹，腹中部有一周凸棱，圜底，底部有一"束"字。

木碗
Wooden Bowl

高11、口径14.5、底径7厘米
Height 11cm, Mouth Diameter 14.5cm,
Bottom Diameter 7cm

征集
巴尔虎博物馆藏

　　由碗和盖两部分组成，子母口。碗为敞口，弧腹，圈足，口沿下有一周凹弦纹。盖顶和圈足底均刻有同心圆纹。

碗筒
Bowl Storage Cylinder

通高28.5、直径14厘米
Total Height 28.5cm, Diameter 14cm

征集
巴尔虎博物馆藏

器身黄铜质，深筒形腹，平底，口沿下两侧各有一环形把手。盖微隆起，上有一桥形捉手。口部、腰部和底部各有一道横箍。捉手、把手和箍为红铜质地。

羊毡袋
Wool Felt Bag

高21.4、直径13.2厘米
Height 21.4cm, Diameter 13.2cm

征集
巴尔虎博物馆藏

　　由羊毛毡、棉布、马鬃制成。圆筒形，直口，平底。毡袋外部用毛毡及马鬃缝制，内部为棉布，口部及底部均缝制一圈编织的马鬃，口部延展出一个绳扣。用来盛放银碗及木碗。

碗盒
Bowl Box

通高7.3、口径12.3、底径6厘米，盖直径13厘米
Total Height 7.3cm, Mouth Diameter 12.3cm,
Bottom Diameter 6cm, Lid Diameter 13cm

征集
巴尔虎博物馆藏

　　驼绒线缠绕柳条编织而成，包括盒和盖两部分。盒盖及盒壁用黑色驼绒线编织出回纹，盒盖中心缝有一块圆形红布。盒盖与盒底边沿均有破损。

象牙筷子
Ivory Chopsticks

长36.5、截面直径0.3～0.6厘米
Length 36.5cm, Diameter 0.3~0.6cm

达赉苏木阿尔山宝力格嘎查征集
巴尔虎博物馆藏

洁白且细腻，有使用痕迹。筷身略微弯曲，顶部镶有银饰，其中一支的筷帽缺失。

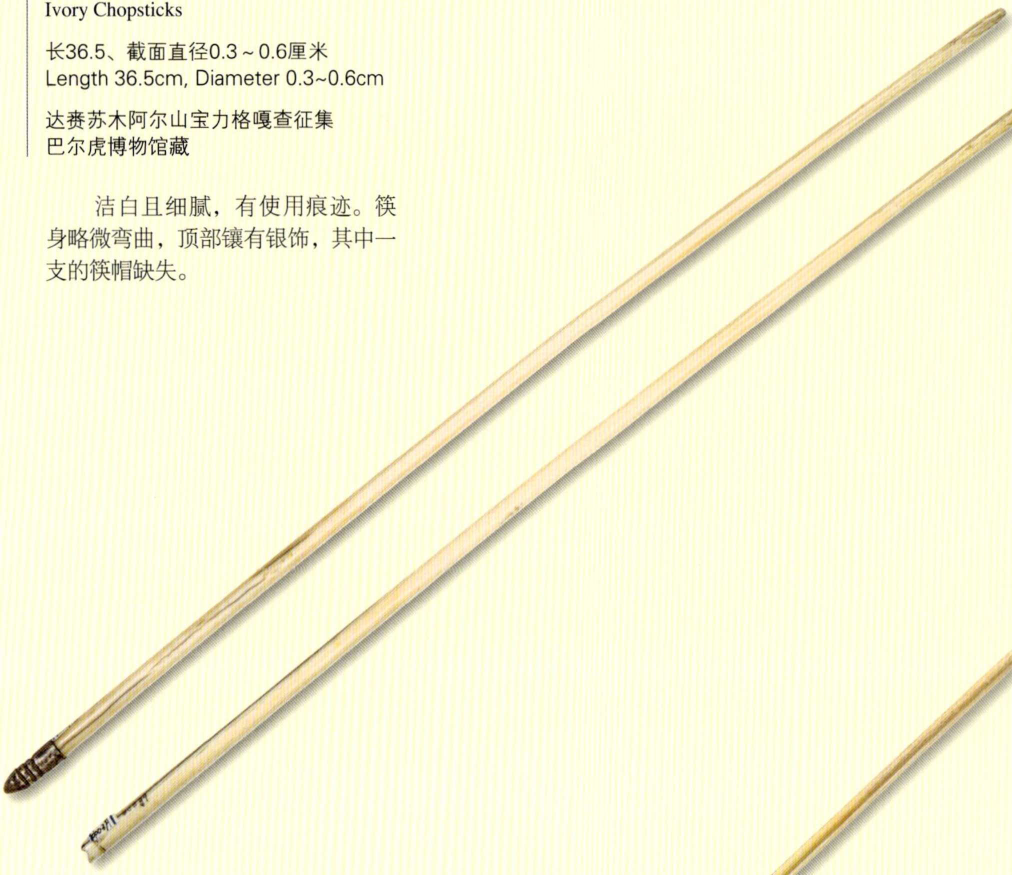

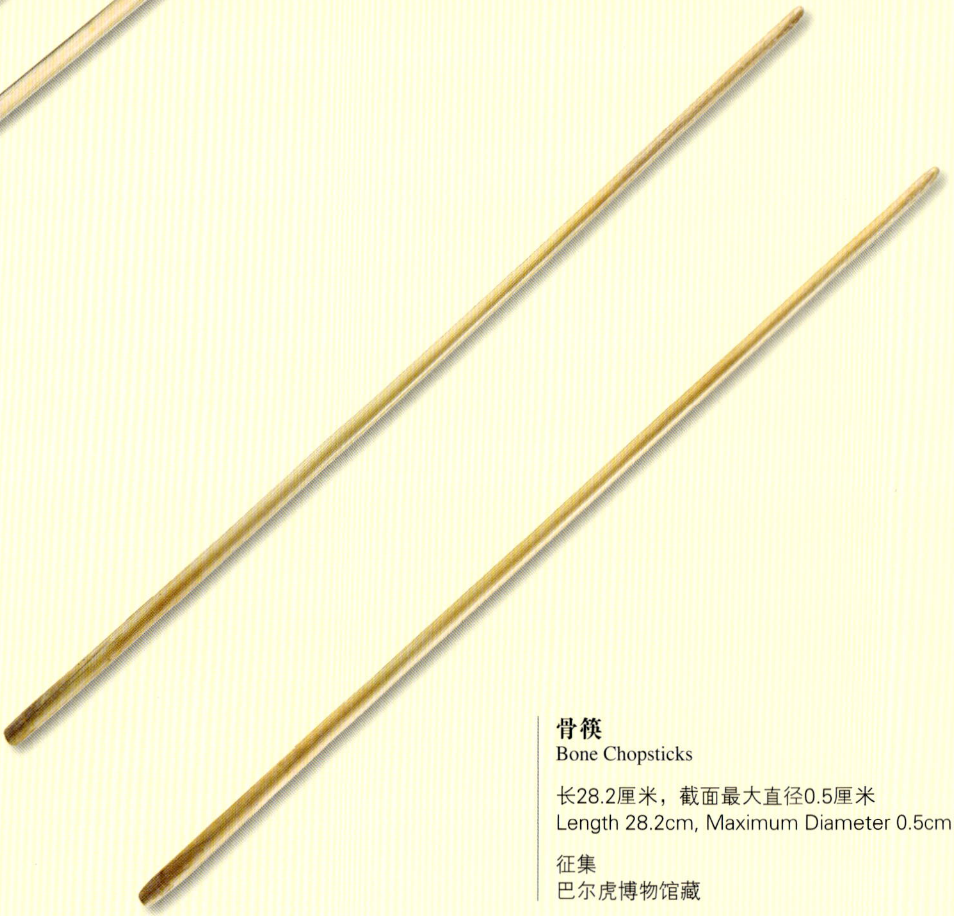

骨筷
Bone Chopsticks

长28.2厘米，截面最大直径0.5厘米
Length 28.2cm, Maximum Diameter 0.5cm

征集
巴尔虎博物馆藏

呈黄白色，圆柱状，顶端较粗，向末端渐细。

筷子筒
Chopsticks Holder

通高28.7厘米，直径6.5厘米
Total Height 28.7cm, Diameter 6.5cm

征集
巴尔虎博物馆藏

　　铜质。子母口盖，盖面微隆起，盖顶有一环纽，与筒身用铜链相连。器身直筒状，筒身有4道铜箍。

刮舌器
Tongue Scraper

长8、宽4、高0.8厘米
Length 8cm, Width 4cm, Height 0.8cm

征集
巴尔虎博物馆藏

　　银质。平面呈U形，弯曲处较薄，两侧直柄较厚。柄外侧刻有变形花草纹。

鼻烟壶
Snuff Bottle

通高10.5、宽7.5、厚4.6厘米
Total Height 10.5cm, Width 7.5cm, Thickness 4.6cm

征集
巴尔虎博物馆藏

壶身牛角质，黑色，球形。肩部有波浪纹银饰，上面镶嵌红珊瑚珠。壶身下腹装饰银质花卉纹和缠枝纹。底部镶嵌银质椭圆形圈足，上刻花卉纹。盖为银质，盖身刻有元宝、螃蟹、蝙蝠等图案，盖顶嵌红珊瑚。肩下对称镶有2个银质龙头形扣，龙口衔环，环上系有银链，链子底部与环相接处，装有景泰蓝的蝉形锁扣。圈足底部刻有"纹银""增福"字样。

鼻烟壶，蒙古语称"古壶热"，是盛鼻烟的容器。鼻烟也叫闻烟，用鼻嗅服，用烟叶加薄荷、冰片、樟脑等三十多味中草药经特殊工艺配制而成。明末清初，鼻烟传入中国，渐渐东方化，由此衍生出鼻烟壶。蒙古族使用鼻烟壶的历史，可以追溯至清代康雍乾时期。由于清朝皇帝经常将鼻烟壶赏赐给王公大臣，鼻烟壶因此进入内蒙古地区上层社会，最终发展成了蒙古族群众喜爱的器物。

对巴尔虎蒙古人而言，鼻烟壶不仅是生活用具、代表财富的收藏品，也是人际交往的必需品，这与蒙古族重要的礼仪——敬献鼻烟壶有关。每当有客人来到家里，主人家男女老少必先取出各自随身携带的鼻烟壶，从年长者开始，依次递给来访的每位客人。客人接过主人的鼻烟壶，同时将自己随身带来的鼻烟壶递到主人手里。交换时，如果主客双方为年龄相仿的男性，相互交换鼻烟壶后，仅嗅一嗅，就将鼻烟壶归还主人；如果是同辈女性之间交换，一般不嗅，只将对方的鼻烟壶接住之后，躬身施礼，轻轻地用壶体在自己的前额上碰一下，然后归还原主。倘若其中一人是长辈，则须请长辈就坐，晚辈一旁站立，将自己的鼻烟壶盖打开一半，双手捧献上去，与长辈交换。待长辈嗅过之后，晚辈不嗅，而是把鼻烟壶微微举过头顶，双手恭敬地捧还长者，以示对长辈的尊敬，并有领受长辈对自己的关心之意。

蒙古族金属器制作工艺精湛，并能熟练运用雕刻及镶嵌工艺，所以蒙古族鼻烟壶选材丰富，造型多样。蒙古族鼻烟壶的壶身多采用玛瑙、翡翠、玉石、琉璃、瓷、木等材质，通过彩绘、雕刻花纹装饰瓶身，或者镶嵌白银、绿松石、珊瑚等装饰品。壶盖选用珊瑚、红宝石、碧玺、翡翠、象牙、绿松石、青金石、铜、金等材质制成，壶盖上连接有一个骨质的小勺，用于掏鼻烟。壶身和壶盖一般不选同一种材质，例如玛瑙材质的壶身，大都选用珊瑚制作的壶盖，看上去既错落有致又美观和谐。

交换鼻烟壶
Exchanging Snuff Bottles

近现代 | MODERN TIMES

鼻烟壶
Snuff Bottle

通高7.5、宽3.4、厚2.2厘米
Total Height 7.5cm, Width 3.4cm, Thickness 2.2cm

征集
巴尔虎博物馆藏

壶身青玉质，盖为铜质，上嵌红色玛瑙纽。壶身长方体，横截面为长方形，底部有方形实心小圈足。素面。

鼻烟壶
Snuff Bottle

通高7.2、宽4.8、厚3.4厘米
Total Height 7.2cm, Width 4.8cm, Thickness 3.4cm

征集
巴尔虎博物馆藏

壶身玛瑙质，黄褐色，器身扁圆。盖为铜质，上嵌红色珊瑚纽，盖下连接铜质鼻烟勺。

鼻烟壶
Snuff Bottle

通高6.1、宽3.5、厚2.2厘米
Total Height 6.1cm, Width 3.5cm, Thickness 2.2cm

征集
巴尔虎博物馆藏

壶身青金石质，壶体扁平，小平底，底部包银。壶盖银质，盖上镶嵌绿松石和珊瑚珠，盖的颈部和口沿錾刻联珠纹。

鼻烟壶
Snuff Bottle

通高5.5、宽4.2、厚2.8厘米
Total Height 5.5cm, Width 4.2cm, Thickness 2.8cm

征集
巴尔虎博物馆藏

　　壶身玛瑙质，棕褐色，体扁，壶身一面雕刻狮子逐鸟纹饰。盖为铜质，上嵌红色珊瑚纽。

鼻烟壶
Snuff Bottle

通高6.5、宽4.8厘米
Total Height 6.5cm, Width 4.8cm

征集
巴尔虎博物馆藏

　　壶身青白玉质，直颈，球形，底部内凹。盖为银质，上嵌青花瓷纽。

鼻烟壶
Snuff Bottle

通高8.2、宽5.5、厚2.7厘米
Total Height 8.2cm, Width 5.5cm, Thickness 2.7cm

阿拉坦额莫勒镇征集
巴尔虎博物馆藏

　　壶身玛瑙质，体扁圆，两侧肩部各饰1个兽面纹，底部有椭圆形圈足。盖为银质，上嵌红色珊瑚纽。

鼻烟壶
Snuff Bottle

通高7.5、宽5、厚3厘米
Total Height 7.5cm, Width 5cm, Thickness 3cm

征集
巴尔虎博物馆藏

　　壶身玛瑙质，主体呈白色。图案部分采用俏色工艺，利用原石的外皮，呈黄褐色。盖为银质，上嵌红色珊瑚组。壶身图案为人物故事图。正面为钓鱼图，一老翁头戴斗笠，颌下长须，身着长袍，腰后别鱼篓。老翁手持钓鱼杆，杆头钓一尾大鱼，已将鱼杆压弯。对面站着一童子，正在拍手相庆。背面刻有山石松树，作为钓鱼的背景图案。

鼻烟壶
Snuff Bottle

通高7.9、宽5.5、厚4.2厘米
Total Height 7.9cm, Width 5.5cm, Thickness 4.2cm

征集
巴尔虎博物馆藏

　　玉质。主体呈黑色，图案部分为白色。盖为银质，上嵌红色珊瑚纽，纽顶嵌绿松石片。壶身上雕刻有"王质烂柯"的故事。传说西晋时有个名叫王质的青年，有一日他上山砍柴，路遇一个山洞，只见两人正在对弈，便蹲坐一旁观棋。看完一局棋后，王质准备回家，俯身拾斧，发现斧柄已烂，便赶忙下山。回村后他竟发现，光阴流转，父母已逝百年，遂重归山林修道成仙。从此便有了"山中方一日，世上已千年"的烂柯山传说，这也是传统工艺美术作品的重要装饰题材。

鼻烟壶
Snuff Bottle

通高8.2、宽4.5、厚3.4厘米
Total Height 8.2cm, Width 4.5cm, Thickness 3.4cm

征集
巴尔虎博物馆藏

　　壶身玛瑙质，盖为银质，上嵌红色珊瑚纽。壶身扁长，平面为卵圆形，底部有椭圆形小圈足。壶身两面雕刻童子牧牛图。一面雕刻山峦叠嶂、祥云红日，牧牛童子右手牵绳，一边走一边回头张望。另一面刻画山石老树，一头牛正欲离去，被童子用绳拉回，于是转身回首。牧童与牛虽然分别刻在壶的正背两面，二者却能遥相呼应，共同构成一个完整的画面。

鼻烟壶
Snuff Bottle

通高8、宽5.8、厚2厘米
Total Height 8cm, Width 5.8cm, Thickness 2cm

征集
巴尔虎博物馆藏

　　壶身白玉质，玉质莹润光洁，体扁圆。盖为铜质，上嵌红色珊瑚纽。素面。

鼻烟壶
Snuff Bottle

通高9、宽6.5、厚4.3厘米
Total Height 9cm, Width 6.5cm, Thickness 4.3cm

征集
巴尔虎博物馆藏

　　壶身为料器，暗红色，体扁圆，底部有椭圆形圈足。盖为绿松石，其下有银箍。

银头饰
Silver Headdress

通长17厘米
Total Length 17cm

阿敦础鲁苏木征集
巴尔虎博物馆藏

　　1对。坠链，主体纹饰为镂空
的盘长纹，顶端连接一圆环，下面
悬垂3条银链，每条银链的底端有
1个心形坠饰。

龙形银饰
Silver Hairpins

簪身长7.6、簪头长8.2、宽3.3厘米
Pin Length 7.6cm, Dragon Pattern Length 8.2cm,
Width 3.3cm

阿拉坦额莫勒镇征集
巴尔虎博物馆藏

　　1对。器体扁平，龙身呈S形。龙首俯视，
竖角长须，拱背，翘尾，似腾云驾雾。

银簪
Silver Hairpin

长16厘米
Length 16cm

阿拉坦额莫勒镇征集
巴尔虎博物馆藏

　　平面略呈针形。簪头扁平，其上錾刻花草纹，簪身呈柱状，向尾部渐细。

银簪
Silver Hairpin

长8.5厘米，簪花长5.8、宽3.5厘米
Total Length 8.5cm, Decorative Pattern Length 5.8cm, Width 3.5cm

征集
巴尔虎博物馆藏

　　簪头造型为方胜纹，上面装饰有花草纹和蜘蛛。簪身较短，体扁平。

银簪
Silver Hairpin

长25.1厘米，簪头长4.3、最宽1.3厘米
Total Length 25.1cm, Decorative Head Length 4.3cm, Maximum Width 1.3cm

阿拉坦额莫勒镇征集
巴尔虎博物馆藏

　　簪头呈尖锥状，其上錾刻火焰纹。簪身细长，截面呈方形，向尾端渐细。簪头与簪身的交接处，分层刻有几何、花卉纹饰。

银簪
Silver Hairpin

长11.7厘米
Length 11.7cm

阿拉坦额莫勒镇征集
巴尔虎博物馆藏

　　平面略呈针状，簪头圆弧，錾刻两道凹槽，尾部较尖利。

银佛盒
Silver Buddhist Box

外径4.2、内径2.1、厚1.4厘米
Outer Diameter 4.2cm, Inner Diameter 2.1cm,
Thickness 1.4cm

征集
巴尔虎博物馆藏

　　1对。扁圆盒状，盒内中空，可放佛像。正面一周饰花叶纹，中心嵌玻璃，其中1件玻璃缺失。顶端有圆形挂环，可串链佩戴。背面款识为"義通"。

银手镯
Silver Bracelet

长径7～7.4、短径5.9～6.3、最宽0.6厘米
Longest Diameter 7~7.4cm, Shortest Diameter
5.9~6.3cm, Maximum Width 0.6cm

征集
巴尔虎博物馆藏

　　1对。扁圆形开口。镯面扁平，錾刻纹饰，主体为植物纹。镯两端渐成圆柱形，尾端为圆头。内有款识"内蒙金店80银"。

扳指又称"搬据""班指"，射箭时佩戴。作为蒙古族"男子三艺"之一，射箭是巴尔虎蒙古人喜爱的一项传统运动。由于射箭时扳指具有保护手指的作用，故而受到巴尔虎蒙古人的青睐。

我国的扳指主要有两种形制，一种是坡形扳指，又称"鞢"（音射），主要为汉族使用，商周时期便开始流行；另一种是筒形扳指，呈圆筒状，主要为北方游牧民族（如蒙古族、满族）使用，并在清代以后逐渐成为扳指的主流形制。

蒙古族流行的扳指为"武扳指"，即素面扳指，侧重表现材料的自然肌理，粗犷大方、质朴自然。如今的蒙古族扳指，除了射箭时保护手指、日常佩戴把玩之外，常被当作亲友相互赠送的礼物。向长辈敬献扳指，是祝福长辈身体强健、幸福安康；向晚辈赠送扳指，则饱含了祝福晚辈苗壮成长的祈愿。

银镶宝石戒指
Silver Ring Mounted with Jet

指环直径2.2、戒面宽2.6厘米
Ring Diameter 2.2cm, Jet Width 2.6cm

征集
巴尔虎博物馆藏

　　主体银质。指环装饰吉祥纹图案，内侧刻"纹银"二字。戒面镶嵌方形煤精石。

玉扳指
Jade Thumb Ring

高2.2、外径3.2、厚0.5厘米
Height 2.2cm, Outer Diameter 3.2cm,
Thickness 0.5cm

阿拉坦额莫勒镇征集
巴尔虎博物馆藏

　　玉质。黄褐色，不透明，表面有裂纹。

翡翠扳指
Jade Thumb Ring

高2.3、外径3.1、内径2.2、厚0.5厘米
Height 2.3cm, Outer Diameter 3.1cm,
Inner Diameter 2.2cm, Thickness 0.5cm

阿拉坦额莫勒镇征集
巴尔虎博物馆藏

　　由绿、白、黑色纹理相间的翡翠制作而成。直筒状，外壁温润光滑，内壁稍涩。

银顶针
Silver Thimble

通长15.9厘米
Total Length 15.9cm

阿敦础鲁苏木征集
巴尔虎博物馆藏

　　由指环、链子、顶针三部分组成。指环为素面。顶针中部内凹，上刻植物纹。

银挂件
Silver Pendant Ornaments

通长29.5、宽4.8厘米
Total Length 29.5cm, Width 4.8cm

征集
巴尔虎博物馆藏

　　顶端为银环，串联两条银链，下有花篮形坠饰。花篮下有5条银链，其中2条较短，挂有铃形装饰；其他3条较长银链分别挂有银质的挖耳勺、牙签和解结锥，其上装饰镂空花卉纹。此物集装饰与实用为一体，可以随身佩带，俗称"银三件"。

银挂件
Silver Pendant Ornaments

通长57、宽5.2厘米
Total Length 57cm, Width 5.2cm

阿拉坦额莫勒镇征集
巴尔虎博物馆藏

　　整体银质，铁质挂链为后配，自上而下分为四层，中间以三组银链相连。其中第一层和第二层为坠饰，上面装饰变形花草、蝙蝠等图案；第三层为元宝形坠饰；第四层是铜质挖耳勺、牙签和解结锥。

银扣
Silver Button

饰件宽1.3～1.5厘米，银扣腹径1.5、高2.5厘米
Flower Pattern: Width 1.3~1.5cm
Spherical Button: Diameter 1.5cm, Height 2.5cm

征集
巴尔虎博物馆藏

　　银质。由2个花饰件、1个螺旋形坠饰组成。

蒙古刀和火镰是蒙古族日常生活的必备之物，刀鞘和火镰用一根银链子连接，系挂在腰间，有的刀鞘内还插一双筷子。进入别人的蒙古包作客时，要将自己的蒙古刀和火镰解下来，以示对主人的尊重。蒙古刀做工考究，既是实用品又是艺术品。火镰的形制也很有特色。取火时，火石、火绒垫在一起，用一只手握紧，另一只手用铁镰击打火石，迸出的火星就可以将火绒点燃。

蒙古刀和火镰
A Set of Mongolian Knife and Steel for Flint

刀通长23.8厘米，刀身长18.6、刀鞘长16.4厘米，链长52.8厘米，火镰长6.3、宽3.4、厚0.6厘米
Knife: Total Length 23.8cm.
Blade: Length 18.6cm. Scabbard Length 16.4cm.
Chain Length 52.8cm.
Steel for Flint: Length 6.3cm, Width 3.4 cm,
Thickness 0.6cm

阿敦础鲁苏木克尔伦嘎查征集
巴尔虎博物馆藏

佩戴蒙古刀和火镰的巴尔虎男子（包金山摄）
A Barag Man Wearing A Set of Mongolian Knife and Steel for Flint
(photographed by Bao Jinshan)

由刀、刀鞘、火镰三部分组成。刀柄木质，柄身有皮绳穿过，连接火镰。顶端包银，刻有吉祥纹。刀鞘木质，口部和底部包银饰，刻有蟠龙纹，鞘身中部套一银环。刀鞘背部有一根银链条，上坠银圆，有袁世凯头像及"中华民國三年"字样。火镰铁质，铲形。包内装有火石和火绒，外有银饰和铜饰。火镰顶部有一挂环，用皮绳与刀柄、刀鞘相连。

旱烟管
Long-stemmed Chinese Pipe

残长16、宽3厘米，烟锅头部直径1.1厘米
Remaining Length 16cm, Width 3cm,
Bowl Diameter 1.1cm

征集
巴尔虎博物馆藏

　　烟杆木质，烟袋锅银质，烟嘴缺失。烟袋锅的头部外侧装饰回字纹和花草纹，弯折处起扉棱，上饰回字纹，尾部饰回字纹和团花纹。

烟荷包
Tobacco Pouch

长19.5、宽7～11厘米
Length 19.5cm, Width 7~11cm

征集
巴尔虎博物馆藏

　　系口布袋，平面略呈梯形。上部为棕色绒布，饰有花卉纹；下部为红色锦缎，上有几何纹样。荷包顶部两侧有龙形银饰，龙首朝前，上有银环，拴系银链。银链上有1个收烟灰的小银碗，上饰花卉纹和几何纹。还有1个银质挖烟钩。

巴尔虎萨满服由神帽、神衣、坎肩、法器组成。神帽呈瓜皮帽状，黑色布面，靠近帽顶用金线绣鹿角纹，鹿角纹下方各钉有3枚贝壳。帽顶部有一金色铁质帽架，帽架上方竖1对五叉鹿角装饰。帽沿处饰1排黄穗子，作法时可以遮住萨满面部。后帽沿有6条四色相接的飘带，每条飘带均缝有4枚圆形素面铜铃。

神衣为白底缎面立领对襟长褂，正中襟边有上下5组系带，两臂下方各缝有4条彩色飘带。飘带上有手写蒙古文，其中红带写有"祭拜长生天"，黄带写有"祭拜大地"，蓝带写有"祭拜神仙"，绿带写有"祭拜祖先"。左右两侧飘带的文字内容相同。袖口黄地，上绣鹿角图案，以红、黑色镶边。

坎肩皮质，圆领，正面为整块灰色皮面，后面开襟系扣。两肩饰有鹿角图案。前胸正中有2面直径12厘米的铜镜，四周环绕12面直径5厘米的小铜镜。坎肩后身有4面直径12厘米的铜镜，对称排列，正中间有一面直径15厘米的护心镜。铜镜既可以反光驱邪，又有作法时保护萨满之用。坎肩四周以红、黑两色布条镶边。

马甲下周饰有彩色拼制飘带，共有18条飘带，均饰有铜铃，共有162枚。铜铃可以收纳灵魂及妖魔鬼怪，萨满作法时，铜镜、铜铃叮当作响，由此增强作法时的神秘感。全身飘带模拟鸟羽，萨满跳神时旋转飞扬，有可上天飞翔之意，表示萨满法力强大。

萨满服
Shaman Clothes

衣长115、两袖通长167、袖口宽18、
下摆宽64厘米
Clothes Length 115cm, Opening Sleeves
Length 167cm, Cuff Width 18cm, Hem
Width 64cm

征集
巴尔虎博物馆藏

萨满帽子
Shaman Hat

巴尔虎蒙古部落是蒙古族的分支之一，信奉萨满教，呼伦贝尔市巴尔虎草原也是目前少数几个保存了萨满教传统的地区之一。萨满是古代北方游牧民族的原始信仰。

巴尔虎萨满在神事活动中，常常在身上披挂一些与萨满教观念密切相关的衣裙、饰物等，统称为"阿敏代（法宝）"，主要包括"奥日贵（法衣）""浩塞（法镜）""麦呼吉（法帽）"等服饰以及"阿巴嘎拉岱（萨满面具）""塞呼思章嘉（护神结）""达斡尔（鼓槌）""浩日毕（法杖）""阿尔山漏尔（洗礼炊帚）""乃蛮索乌达勒（八座）"等法器。其中，萨满服一般为短衫式，胸前饰有大小法镜，短衫下摆缝有一周由红、蓝、绿色布接成的条饰。袖口下面垂饰彩色布条，布条上书写蒙文吉祥语。萨满面具一般为木制或铜制，造型或古朴写实，或夸张写意。萨满帽的造型则为鹿角式，反映了巴尔虎人狩猎时代的鹿图腾崇拜，同时，鹿角分叉的多少也象征着萨满巫师法力的高低，一般来说，分叉越多，代表佩戴者的法力越高深。施法时，萨满法师身穿法衣，头戴神帽与萨满面具，手持护神结、神鼓、法杖等法器，口颂神歌，以祭祀祖先与天地，寻求祖神与天神的庇佑。

萨满服背面
The Back of the Shaman Clothes

萨满鼓
Shaman Drum

直径26厘米、高9.5厘米，底外径25.5、内径17厘米
Diameter 26cm, Height 9.5cm, Bottom Outer
Diameter 25.5cm, Inner Diameter 17cm

征集
巴尔虎博物馆藏

　　鼓身为木质，鼓面单面蒙有牛皮。鼓身周匝密集钉有三圈铆钉以固定鼓皮。黑褐色，已残破。

萨满靴
Shaman Boots

高38、底长30、口宽21厘米
Height 38cm, Sole Length 30cm,
Opening Width 21cm

征集
巴尔虎博物馆藏

　　1双。皮面，布底。靴前后及脚踝部有缝合的凸棱，皮靴口沿收边，靴底钉有铁钉。

祭祀桶和祭祀箭
Sacrificial Bucket and Arrows

桶高32、口径30、底径28.8厘米，箭长88厘米
Bucket: Height 32cm, Mouth Diameter 30cm,
Bottom Diameter 28.8cm
Arrow: Length 88cm

征集
巴尔虎博物馆藏

　　木质。桶身有三道铜箍，口沿处铜箍
破损严重，桶身两侧有铜环。祭祀时桶内装
肉，将箭插入桶内，用来祈福。箭杆一端缠
着五色哈达，箭杆刻有凹槽，插入羽毛。

祭祀用木碗
Sacrificial Wooden Bowl

高6.9、口径15、底径11.9厘米
Height 6.9cm, Mouth Diameter 15cm,
Bottom Diameter 11.9cm

征集
巴尔虎博物馆藏

　　敞口，微斜腹，平底，矮圈足。木
碗已变形，碗身有裂缝，圈足上有一小
圆孔。此为萨满使用的宗教法器。

大日如来铜像
Bronze Statue of *Vairocana*

高21.5厘米
Height 21.5cm

征集
巴尔虎博物馆藏

　　铜质。密宗佛像，四面分别朝向东、南、西、北。结跏趺坐，头戴发髻冠，面目慈祥和善，耳垂上戴有日纹耳环。身披璎珞珠宝，双臂绕有帔帛。颈部戴金刚杵项链，双手结禅定印，手持法轮。底部为莲花座。

六臂玛哈嘎拉铜像
Bronze Statue of Six-arm *Mahakala*

通高25.7厘米，底座长16.7、宽11、高4厘米
Total Height 25.7cm
Base Length 16.7cm, Width 11cm, Height 4cm

征集
巴尔虎博物馆藏

又称"六臂大黑天"，佛教密宗的护法神。一面六臂，头戴五骷髅冠，三日圆睁，身体发出烈火光焰。手中执物，身披天衣，以虎皮为裙。颈上缠蛇，手臂和脚踝处戴有珠链，腰间挂有数颗人头。左腿伸直，右腿弯曲，立在一头仰卧的白象上。最下为方形莲花底座。

二臂玛哈嘎拉铜像
Bronze Statue of Two-arm *Mahakala*

通高29.5厘米
Total Height 29.5cm

征集
巴尔虎博物馆藏

  又称"二臂大黑天"。头戴五骷髅冠，发赤上扬，须眉如火，獠牙露齿卷舌，三目圆睁，帔帛上雕刻云纹，颈部挂人头项链。右手持金刚杵，左手持嘎巴拉碗，脚踩邪魔，立在莲花座上。

大威德金刚石像
Stone Statue of *Yamantaka*

高15、宽13厘米
Height 15cm; Width 13cm

征集
巴尔虎博物馆藏

  石质。整体呈摩尼宝珠形，背部磨平素面，正面为站立的大威德金刚，牛首人身，九头三十四臂，十六条腿，手拿宝器。下有莲花宝座。

彩绘护经板
Color Painted Protective Wooden Cover for Buddhist Scriptures

长59.5、宽22、厚3.7厘米
Length 59.5cm, Width 22cm, Thickness 3.7cm

征集
巴尔虎博物馆藏

　　木质。长方形，正面从左至右绘阿弥陀佛、释迦牟尼佛、药师佛，佛像四周祥云环绕。背面四周雕刻花卉纹，中间雕有双龙祥云图。

酥油灯
Butter Lamp

高14.7、口径10.9、底径7.4厘米
Height 14.7cm, Mouth Diameter 10.9cm,
Bottom Diameter 7.4cm

征集
巴尔虎博物馆藏

　　铜质。灯碗侈口、弧腹、矮圈足，碗外壁包有镀银铜饰，为仰莲纹。柄部有凸起。高圈足底座，外壁包有镀银铜饰，为覆莲纹。灯碗、柄部和底座均可以转动。

酥油灯
Butter Lamp

高10.4、口径7.3、底径5.8厘米
Height 10.4cm, Mouth Diameter 7.3cm,
Bottom Diameter 5.8cm

征集
巴尔虎博物馆藏

　　银质。灯碗侈口、弧腹、矮圈足，碗外壁装饰仰莲纹。中部有一珠状柄连接。喇叭形高圈足，上饰覆莲纹。

牧民点燃酥油灯（苏德夫摄）
A Herdsman Lighting Up Butter Lamps (photographed by Sodhuu)

燃灯节（苏德夫摄）
The Lamp Festival (photographed by Sodhuu)

酥油灯
Butter Lamp

高2.8、口径3.8、底径1.5厘米
Height 2.8cm, Mouth Diameter 3.8cm,
Bottom Diameter 1.5cm

征集
巴尔虎博物馆藏

　　铜质。侈口，弧腹，喇叭状高足，底内凹。底部有一钻孔。

酥油灯
Butter Lamp

高7.3、口径6.6、底径5.1厘米
Height 7.3cm, Mouth Diameter 6.6cm,
Bottom Diameter 5.1cm

征集
巴尔虎博物馆藏

　　银质。侈口，弧腹，灯身中央有一圆孔，可插入灯芯，碗外壁装饰仰莲纹。柄部有珠状凸起。覆碗形圈足底座，上面装饰覆莲纹。

酥油灯
Butter Lamp

高8、口径6、底径4.2厘米
Height 8cm, Mouth Diameter 6cm,
Bottom Diameter 4.2cm

征集
巴尔虎博物馆藏

　　银质。灯碗圆唇，敞口，弧腹，碗心有小孔，可插入灯芯。柄部有珠状凸起，喇叭状高圈足。素面。

铜香炉
Copper Censer

炉高8.5、口径12、腹径13.5厘米，底座直径14、高3厘米
Total Height 8.5cm, Mouth Diameter 12cm, Belly Diameter 13.5cm, Base Diameter 14cm, Foot Height 3cm

征集
巴尔虎博物馆藏

　　由香炉和底座组成。香炉直口，宽平沿，方唇，短束颈，扁鼓腹，下附3个兽蹄足。底座的平面造型为花瓣状，有三个圆形凹槽，可放置香炉的三足。

铜熏炉
Copper Censer

通高11.5、长37.5、宽6.5厘米
Total Height 11.5cm, Length 37.5cm, Width 6.5cm

征集
巴尔虎博物馆藏

　　铜质。长方形盒状，由盖、炉身、底座组成，炉身和底座相连。平盖，盖顶中央有一宝珠组、盖身上面和两侧装饰镂空的铜钱纹。炉身正面贴一个银质寿字纹和两个团寿纹，炉内有一个圆柱形插香架。底座之下有10个如意云头形足，足底用一圈长方形铜条加固。

铜熏炉
Copper Censer

通高12、长38、宽7.5厘米
Total Height 12cm, Length 38cm, Width 7.5cm

征集
巴尔虎博物馆藏

　　主体铜质，炉盖银质。长方形盒状，包括炉盖、炉身、底座三部分。平盖顶部中央有一宝珠形纽，盖顶面有镂空的铜钱装饰，侧面装饰花草纹、铜钱纹、回纹。炉身一侧面有双龙戏珠纹银饰，另一侧有吉祥八宝图案银饰。底座装饰海浪纹、回纹，局部镂空。

银熏炉
Silver Censer

通高22、底座直径11厘米
Total Height 22cm, Base Diameter 11cm

征集
巴尔虎博物馆藏

　　银质。体瘦高，自上而下由宝塔、炉身、莲花座组成。宝塔为双层，八角攒尖顶，挑檐，其下开有8扇窗，塔底座为八角形。宝塔嵌入香炉中，可拆分。炉身为三足鼎，直口，方唇，双附耳外撇，鼓腹，圜底，下有3个象鼻足。炉身刻划佛教八宝纹。炉下为莲花底座，炉与底座亦可拆分。座呈覆盘形，平顶，直壁，圈足外敞，上饰凸起的莲瓣纹。此熏炉为宗教法器。

满达
Manda Ritual Implements

自上而下直径分别为15、23、29厘米，铜盘高17、口径32、底径21厘米
The Top-down Diameter 15cm, 23cm, 29cm respectively. Copper Plate: Height 17cm, Mouth Diameter 32cm, Ring Foot Diameter 21cm

征集
巴尔虎博物馆藏

　　铜质。圈足铜盘上放有三层。最上部为一铜盘，鎏金，内装小米，一侧有环。外部包裹缀满珠饰的圆环状物。其下为两层形制相同、大小不一的鼓形托盘，托盘周围饰以紧密排列的铜环与铁环。满达是藏传佛教法器，梵语称"曼荼罗"，意为"坛场"，供奉满达旨在积聚福德与智慧，以此来供养整个宇宙。

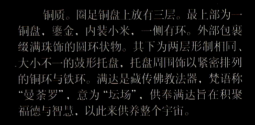

供奉盛米铜盒
Copper Rice Container for Buddhist Offering

盒高5、底径14厘米，法器高9.9厘米
Container: Height 5cm, Bottom Diameter 14cm
Ritual Implement: Height 9.9cm

征集
巴尔虎博物馆藏

　　由盒和法器两部分组成。盒为铜质，直壁，中心凸起，内盛小米。法器木质，位于铜盒中心，包括木牌和底座。上部木牌两面分别绘有宝螺、宝瓶，底座雕刻莲花。

供奉铜盒
Copper Jar for Buddhist Offering

通高7.7、口径3.7、腹径5.8、底径3.7厘米
Total Height 7.7cm, Mouth Diameter 3.7cm, Belly Diameter 5.8cm, Bottom Diameter 3.7cm

征集
巴尔虎博物馆藏

　　由盒盖、盒身两部分组成。内盛谷物，供奉、接佛时使用。盖有尖头宝珠形组，盒盖饰莲花、莲子。盒身饰仰莲纹，鼓腹。圈足外撇，上饰覆莲纹。

供奉用品饰件
Buddhist Ornaments

长14、宽8.7厘米
Length 14cm, Width 8.7cm

征集
巴尔虎博物馆藏

　　银质。宝珠形，体扁平，上有镂空纹饰。顶部为火焰纹，其下为两尊佛像，上下并列，底部为宝瓶图案。两侧分别雕刻有象、马、童子、法轮等，其余部分以缠枝花卉纹填充。其下有一圆形组。使用时插在贡品上。

法事面具
Ritual Mask

长30.8、宽25厘米
Length 30.8cm, Width 25cm

杭乌拉苏木征集
巴尔虎博物馆藏

为藏传佛教喇嘛作法时所佩戴的面具。夹纻胎，外表蒙皮，其上彩绘。广额三目，凸眉大眼，尖鼻大耳，张口尖牙。额头插有白色骷髅头，下颚及眉骨处包镶黄铜，表现胡须和眉毛。

法衣
Buddhist Ritual Robe

衣长136、两袖通长157、袖口宽94、下摆宽96厘米
Clothes Length 136cm, Opening Sleeves Length 157cm, Cuff Width 94cm, Hem Width 96cm

征集
巴尔虎博物馆藏

为藏传佛教喇嘛作法时所穿着的法衣。内里为橘红色厚布料，外为蓝色缎面。圆领，领沿正下方有竖向开口，领口镶红边，其上饰黄色寿字。两肩绣有龙纹，龙纹局部被斜线水波纹装饰所覆盖。袖口宽大，近袖口处绣有斜线纹、波浪纹。袖口镶黑色绒面宽边，两袖镶边上各绣白色骷髅头10个。袖的下半部分及团龙纹两侧，用水脚纹缎拼接、缝制。腰部分为三个层次，第一层为黄地提花缎，第二层为红地寿字纹缎，第三层为六色条纹缎。腰下左右各绣一蟠龙戏珠，龙纹四周绣有团寿纹、蝙蝠纹、祥云纹。龙纹下方为江崖海水纹。再下方一周镶白地双龙戏珠纹宽边。衣摆镶有黑色绒面宽边，其上绣有白色骷髅头10个。

法器垫
Buddhist Ritual Implement Mat

长39.9、宽22厘米
Length 39.9cm, Width 22cm

征集
巴尔虎博物馆藏

　　布质。长方形，可放置金刚杵和铃。正面黄色布料上围有三圈方形布条，布条上绣有吉祥纹，中央用金色丝线绣以莲花和祥云图案，其余部分绣有对称的祥云纹和花卉纹。四角装饰有绿穗。背面为橙色布料。

法器垫
Buddhist Ritual Implement Mat

长28.5、宽27.6厘米
Length 28.5cm, Width 27.6cm

征集
巴尔虎博物馆藏

　　布质。方形。正面底布为黑色，中心用银丝盘成法轮、云头纹图案，外部装饰几圈颜色不同的镶边。背面为宝瓶图案，其上书梵文箴言，意为"十相自在"，有辟邪之意。

法器图案卡片
Buddhist Ritual Implement Pattern Cards

卡片长6.7、宽4.8厘米，黄缎包长12.8、宽9.1厘米
Card: Length 6.7cm, Width 4.8cm
Yellow Satin Bag: Length 12.8cm, Width 9.1cm

征集
巴尔虎博物馆藏

　　最外层用黄缎包裹，黄缎外有两条绿色绳
捆绑，包内为白色油纸包。油纸包内有5张法器
图案卡片和一个白色纸包。卡片纸质，长方形，
底色为白色，图案包括法轮、法螺、金刚杵等。
此为藏传佛教法器。

法轮
Wheel of Dharma

高10.3、宽7、底径5.2厘米
Height 10.3cm, Width 7cm, Bottom
Diameter 5.2cm

征集
巴尔虎博物馆藏

　　铜质。由内外双圆环组成。内圈中心镶有红色玛瑙珠，外圈焊缀铜珠，每3颗圆珠组成一个"品"字纹。内圈与外圈之间有8颗圆珠，象征法轮上的的8根辐条。底座以卷草纹与圆环相连，形如覆杯，其上錾刻覆莲纹。

法螺
Conch Shell

长14.5、腹径8.1、口径1.7厘米
Length 14.5cm, Belly Diameter 8.1cm,
Mouth Diameter 1.7cm

征集
巴尔虎博物馆藏

　　法螺用天然海螺制成，外部呈乳白色，内侧略红。螺身上部有两道螺旋纹，下部有三道弦纹。上端加工成圆形，可吹奏。法螺属于藏传佛教法器。

法螺
Conch Shell

长19、腹径9.2、口径1.6厘米
Length 19cm, Belly Diameter 9.2cm, Mouth
Diameter 1.6cm

阿拉坦额莫勒镇征集
巴尔虎博物馆藏

　　外部为白色，内部为粉色。螺尖有直径1.6厘米的钻孔和6道凹痕，底部有一穿孔。螺旋为逆时针开口，也称为左旋海螺，口沿局部有破损痕迹。

铜法号
Copper Buddhist Trumpet

高173、底径16.2、顶径4.6厘米
Height 173cm, Flared bell Diameter 16.2cm,
Mouthpiece Diameter 4.6cm

征集
巴尔虎博物馆藏

　　铜质。顶端为盘口，整体呈竹节状，自上而下渐宽，分为五段，接口处以铜饰固定，上饰几何纹、花草纹。底座上饰有铜环。此为藏传佛教法器。

铜钹
Copper Cymbal

直径31.5厘米
Diameter 31.5cm

征集
巴尔虎博物馆藏

　　1对。整体呈圆形，中间隆起，钹顶部钻有圆孔以系皮绳，皮绳顶端系紫红、黄、蓝、绿色绸带。钹内有用彩漆绘制的法轮、金刚杵图案。

铜钹
Copper Cymbal

直径27、高5厘米
Diameter 27cm, Height 5cm

阿拉坦额莫勒镇征集
巴尔虎博物馆藏

　　1对。其上钻孔。此为藏传佛教法器。

彩绘龙纹鼓
Color Painted Drum with Dragon Patterns

鼓面直径46.5、厚15.5、把长52.5厘米，
鼓槌长25.6厘米
Drumhead: Diameter 46.5cm, Thickness 15.5cm
Drum Handle: Length 52.5cm
Drumstick: Length 25.6cm

征集
巴尔虎博物馆藏

　　主体木质，鼓面皮质。鼓面边缘黑色、中
部绿色，中心彩绘放射水波纹。鼓身侧面绘二龙
戏珠图。鼓柄为珠节状，鼓槌下端有一孔。系藏
传佛教法器。

手鼓
Tambourine

高6.8、直径10.6厘米
Height 6.8cm, Diameter 10.6cm

征集
巴尔虎博物馆藏

　　鼓身木质，呈棕色；鼓面皮质，呈绿色。鼓
身上坠有2个布制小槌，以及1个黄色如意形佩
饰，其上装饰有彩色花纹，左右两边各坠有1条
长穗，其下坠有6条短穗。

转经轮
Prayer Wheel

通高46、轮高18.6、直径10.5厘米
Total Height 46cm, Wheel Height 18.6cm,
Diameter 10.5cm

征集
巴尔虎博物馆藏

　　由银质经筒和木柄组成。经筒自上而下雕刻3组形制有差异的吉祥八宝纹。顶部为松果状尖顶装饰，其下装饰覆莲纹。中部有环，穿有银链，与球形坠相连，坠上雕刻莲花纹。柄底部镶银，饰花卉纹。转经轮又称"玛尼轮"，用手摇动经轮等同于诵经之功。

转经轮
Prayer Wheel

通高44、轮高15.5、直径9.5厘米
Total Height 44cm, Wheel Height 15.5cm,
Diameter 9.5cm

征集
巴尔虎博物馆藏

　　由银质转经轮和木柄两部分组成。转经轮顶刻宝伞纹和回形纹，轮身一周刻四幅佛教八宝纹和四幅植物花卉纹。轮壁有一环，用银链与金属坠连接，轮底部饰莲花纹。轮下有银管与木柄套接。

圣水袋
Holy Water Bag

布袋长22.5、宽19.5厘米，壶体高10、直径4.4、
厚2.2厘米
Bag: LengthBag 22.5cm, Width 19.5cm
Inner Bottle: Height 10cm, Diameter 4.4cm,
Thickness 2.2cm

征集
巴尔虎博物馆藏

　　由布袋和圣水壶组成。布袋用暗红色毡布
缝制，内衬黄布。袋内包铜质圣水壶。壶盖及
壶口为覆莲和莲座状，内有木塞。壶体扁圆，
以铜条封边，壶体两侧有环。圣水袋只有葛根
（活佛）才能配戴。

圣水袋
Holy Water Bag

布袋长24.5、宽19.5厘米，壶体高7.2、盖高4.9厘米
Bag: Length 24.5cm, Width 19.5cm
Inner Bottle: Height 7.2cm
Lid: Height 4.9cm

征集
巴尔虎博物馆藏

　　由布袋和圣水壶组成。圣水袋外用暗红色毡
布缝制，内衬提花黄缎。袋内包铜质扁壶，袋外
装饰绿色吉祥纹。壶有盖，壶盖和壶口为覆莲和
莲台状，壶盖内有木塞。壶身两侧有长圆环。

圣水袋
Holy Water Bag

布袋长30、宽22厘米
Bag: Length 30cm, Width 22cm

征集
巴尔虎博物馆藏

　　圣水袋为绛紫色毡布制成，内为玫红色带暗花内衬。布袋内缝有壶，壶身上部的银圈上缠有银线，盖为铜质塔尖状，壶口与壶盖均以银线缠绕数周。壶口两侧有四股蓝色绳，其上以金丝线扎束。上结铜环，加系蓝色绳。

圣水袋
Holy Water Bag

布袋长23.5、宽19.5厘米，壶高 13.3厘米，通长29.4厘米
Total Length 29.4cm
Bag: Length 23.5cm, Width 19.5cm
Inner Bottle: Height 13.3cm

征集
巴尔虎博物馆藏

　　袋主体为棉布，壶为铜质。袋用红色棉布缝制，袋内有圣水壶，壶身铜质，素面，体扁圆。壶由壶盖、壶身两部分组成。壶盖顶部有瓜形纽，上穿皮绳。壶盖上部为覆莲纹，下部为珠形花瓣纹饰。壶盖与壶嘴以木质插销连接。壶嘴饰三周珠形花瓣纹。

净水壶
Holy Water Jug

高17、口径1.3、腹径8、底径6.3、壶嘴长8.5米
Height 17cm, Mouth Diameter 1.3cm, Belly
Diameter 8cm, Bottom Diameter 6.3cm, Spout
Length 8.5cm

征集
巴尔虎博物馆藏

　　壶身为铜质，壶嘴、底座、壶盖均为银质。盖呈覆杯形，上饰仰莲纹、八宝纹，壶盖上插孔雀羽毛。壶身束颈，圆折肩，鼓腹下收。底座高圈足，呈喇叭状，上饰覆莲纹。壶嘴饰兽头，兽头口中出流。此为藏传佛教法器。

净水壶
Holy Water Jug

高18.5、腹径7.5、底径6厘米
Height 18.5cm, Belly Diameter 7.5cm, Bottom
Diameter 6cm

征集
巴尔虎博物馆藏

　　壶身为铜质，盖、底足为银质。盖呈覆杯形，上饰八宝纹。瓶身束颈，圆折肩，鼓腹下收。底座高圈足，呈喇叭状，上饰覆莲纹。

彩绘五谷供盒
Color Painted Grain Box for Buddhist Offering

高24、口边长25.5、底边长16厘米
Height 24cm, Mouth Side Length 25.5cm,
Bottom Side Length 16cm

宝东苏木征集
巴尔虎博物馆藏

　　木质。量斗形状，口大底小，有盖。口和底均为正方形，四侧面呈梯形。木升外涂红漆，四面分别彩绘图案，有五畜、双鱼、植物等。此为供奉用具，放在供桌上，内装五谷杂粮。

木质法事模具
Wooden Buddhist Ritual Mould

长17、宽5.5、高4厘米
Length 17cm, Width 5.5cm, Height 4cm

征集
巴尔虎博物馆藏

　　长方体，六面均有动物和兽面人身图案，包括药师佛十二药叉、四大天王、马、骆驼、牛、羊、狗、象、鹿、蚁、蛇等在佛教有着深刻寓意的人像或动物图案，两侧还分别有一男一女图案。该物在举行宗教仪式时使用，可作为阴刻模具制作动物及人物塑像。

制作动物及人物塑像。法牙模具是宗教活动中常见的器具，最为著名的是藏传佛教使用的擦擦模具。一般的使用方法是将软泥等可塑性强的材料捺入擦擦模具中压制成型脱范而成，这样制作的小型佛像、佛塔即称为擦擦。佛教僧俗制作擦擦的目的在于积攒善业功德，并将其视作消灾祈福的圣物，多用于佛像及佛塔的装藏。

模具的第一面，右侧刻有牛、牦牛、马、骆驼、山羊、狗等动物，是草原生活中常见的家畜；左侧则刻有四尊人像，手持宝剑等法器，根据形象推测，应为佛经中的四大天王。据《药师本愿功德经》记载，须弥山顶上住着帝释天，须弥山腰有犍陀罗峰，四个山头各有一王，称四大天王，为持国天王、增长天王、广目天王、多闻天王，俗称"四大金刚"。四大天王的任务是各护一方世界，即须弥山四方的东胜神洲、南部赡洲、西贺牛洲及北俱芦洲，故又称"护世四天王"。在藏传佛教唐卡的表现形式中，四大天王一般手持琵琶、宝剑、宝珠、伞，也有手持宝剑、吉祥八宝等的表现形式。

模具的第二面，刻有十二尊兽首人身像，辨识可知这些兽首为十二生肖造型。根据第一面所刻的佛教四大天王推断，这十二尊兽首人身像表现的应为"药师佛十二药叉"。"十二药叉"又称"十二神将"，皆为顶盔掼甲的武将姿态。他们每人各率领七千眷属，以药师如来的神力保护众生。因《药师本愿功德经》又叫《十二大将发愿护持经》，所以他们十二人是顺应药师佛的十二大愿，所呈现的药师分身。

十二药叉同药师佛传入中国后，到南北朝时，逐渐拥有了化形的能力，同时与中国的十二地支配伍，成为佛教的十二时辰护法神。如南北朝时昙曜所译《大吉义神咒经》卷三中记载，药叉罗刹鬼化作狮子、象、虎、马、鹿等形象；昙无谶所译《大方等大集经》卷二十三列出了十二时兽的名称，分别为蛇、马、羊、猴、鸡、犬、猪、鼠、牛、狮、兔、龙。到唐代，一行所著《十二神将诠集》和《成菩提集》卷四之三《十二神》中，更是引用十二支来对应十二药叉，十二药叉自然而然地也与十二生肖对应起来。十二药叉造像与生肖的关系在造像上的表达，主要包括以下几种：第一种，将十二兽作为头冠；第二种，将十二兽作为坐骑；第三种，直接以兽头为首。本文所述法牙模具的表达模式即为第三种。

除上述四大天王、十二药叉以及马、羊、骆驼等草原家畜形象外，在模具的第二面右侧及第三面、第四面，还刻有诸多动物形象，包括蜥蜴、蟾蜍、蛇、狐狸、狼、蜜蜂、猴、乌龟、貉、蜘蛛、田鼠、豺、狮、虎、熊、龙、鸡、蝴蝶、鸽子、燕子等，皆为在佛教中饱含寓意的动物。其中，在第四面的幢下一排中央部位，刻画有"佛陀以身饲虎"的形象。传说印度宝典国国王有三个太子，一日回到山中打猎，见一只母虎带着数只小虎饥饿难忍，母虎因此欲将小虎吃掉。三太子萨埵见状，将二位兄长支走，来到山间，卧在母虎前，饿虎已无力啖食。萨埵又爬上山岗，用利木刺伤身体，然后跳下山崖，让母虎啖血。母虎啖血恢复气力后，与小虎们一起食尽萨埵身上的肉。牺牲自己肉身的萨埵太子就是佛祖释迦牟尼的前世，表现释迦牟尼前生累世忍辱牺牲、救世救人的各种善行。

此外，在模具的两个侧面，还各刻有一尊人像，其中女性身穿巴尔虎传统已婚妇女服饰，男性身穿蒙古长袍。

综上所述，这件法事模具体现了一种朴素的世界观。一面的牛羊等动物代表了蒙古族人民家中的"五畜"，"五畜"指的是牛、马、山羊、绵羊、骆驼等五种动物。草原上的五畜是蒙古族人民的宝贵财产，五畜旁边的四大天王则代表着对五畜的护佑。第二面的十二药叉（生肖）代表了时间。第三面具有飞行能力的形象表达了人对于天的理解，认为天上既有鸽子、燕等动物，也存在着龙、金翅鸟等神话动物。第二面及第四面的动物则代表了人类世界之外包括昆虫、小型动物和大型猛兽在内的一切动物。两侧的蒙古族男性和女性，则代表了巴尔虎蒙古人祈求佛对人的保佑。总的来说，这件法事模具通过各种与佛教有关的形象，体现了蒙古族人民朴素的世界观以及祈求佛祖保佑家人平安、五畜兴旺的美好愿景。

供品模具
Buddhist Offering Mould

直径6.8厘米
Diameter 6.8cm

征集
巴尔虎博物馆藏

　　银质。平面呈莲花状，有圆形
花蕊，花瓣分为内外两层，花瓣内
有珠状花蕊和錾刻的花丝。

蒙医药袋
Mongolian Medical Bags

长111、宽28厘米
Length 111cm, Width 28cm

征集
巴尔虎博物馆藏

　　主体呈黄褐色，可卷起，便于携带。展开
后内衬为蓝绿色，两端各缝制一个大口袋，左右
两侧各缝制15个小袋子。共装有15个皮质药袋，
呈灰白色，用棉绳束口。部分磨损严重。

蒙医药袋
Mongolian Medical Bags

长17.3～21.4、宽5.4～6.4厘米
Length 17.3~21.4cm, Width 5.4~6.4cm

征集
巴尔虎博物馆藏

　　共4件。由牛皮、鹿皮制成。药袋用棉
线及皮绳封口，并系有一个方形小木牌，上
面标注药名。

近现代

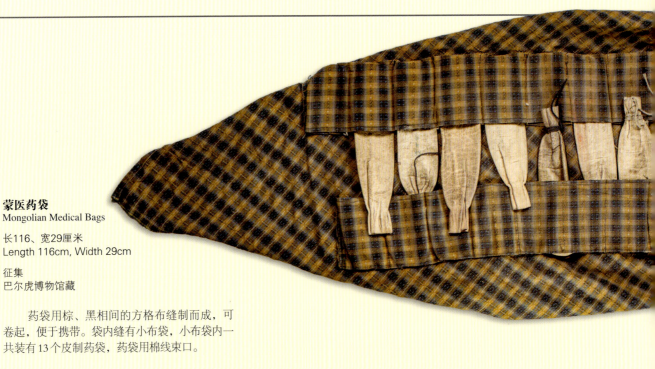

蒙医药袋
Mongolian Medical Bags

长116、宽29厘米
Length 116cm, Width 29cm

征集
巴尔虎博物馆藏

　　药袋用棕、黑相间的方格布缝制而成，可卷起，便于携带。袋内缝有小布袋，小布袋内一共装有13个皮制药袋，药袋用棉线束口。

蒙医器具
Mongolian Surgical Instruments

皮袋长151、宽31.5厘米，工具长5.8～29.7厘米
Leather Bag: Length 151cm, Width 31.5cm
Tools: Length 5.8~29.7cm

征集
巴尔虎博物馆藏

　　一套62件。铁质。由钳子、刀具、钻孔工具、钩子等组成。每件形状不一，均刻有花纹。器具袋由牛皮拼接、缝制而成，一端缝有皮绳，以便捆绑。

蒙医针灸用具
Mongolian Acupuncture Tools

针袋长30、宽9厘米。银针6枚，长15～17.8厘米
Bag: Length 30cm, Width 9cm
Six Silver Needles: Length 15~17.8cm

征集
巴尔虎博物馆藏

　　针袋棉质，长条形，用青缎缝制，一端
缝接几何纹花布。针为银质，针体略弯曲，
针柄用铁丝、黄铜缠绕。

拔火罐
Cupping Vessel

通高8.5、口径6.5、腹径8.5厘米
Total Height 8.5cm, Mouth Diameter 6.5cm,
Belly Diameter 8.5cm

征集
巴尔虎博物馆藏

　　铜质。敛口，圆唇，束颈，鼓腹，圜底。
表面凹凸不平，有明显的使用痕迹。

医用秤
Medical Scales

秤杆长32.5厘米，秤盘直径9.7厘米，秤砣
直径4.2、厚0.9厘米
Arm: Length 32.5cm. Pan: Diameter
9.7cm. Weight: Diameter 4.2cm, Thickness
0.9cm

杭乌拉苏木芒来嘎查征集
巴尔虎博物馆藏

　　由秤杆、秤盘、秤砣三部分组成。
秤杆木质，黑色，顶端到末端渐细，刻
度清晰。秤盘铜质，平面呈圆形，平底。
秤砣铜质，体扁，平面呈花朵形。

捣药罐
Mortar for Pounding Medicine

高15、口径13、腹径15.9、底径14厘米，杵长30.5厘米
Height 15cm, Mouth Diameter 13cm, Belly Diameter
15.9cm, Bottom Diameter 14cm, Pestle Length 30.5cm

杭乌拉苏木芒来嘎查征集
巴尔虎博物馆藏

　　铁质。由臼和杵两部分组成。臼为直口，方唇，
圆肩，深鼓腹，大平底。杵的横截面为圆形，束腰，
中部有一周凸棱。

药勺
Medicine Spoon

长17.9、勺头宽2.2厘米
Total Length 17.9cm, Spoon Head
Width 2.2cm

征集
巴尔虎博物馆藏

　　蒙医用具。银质。勺头近水
滴形，较浅，勺柄细长，柄的末
端向上凸起。

药勺
Medicine Spoon

通长18、勺头宽3.5厘米
Total Length 18cm, Spoon Head
Width 3.5cm

征集
巴尔虎博物馆藏

　　银质。蒙医用具。勺把錾刻
莲花、火焰纹，与柄部套接。勺
柄錾刻几何纹，中部粘有十字吉
祥纹的装饰，上嵌绿松石。勺头
为中空半球形。

药勺
Medicine Spoon

长19.2、勺把宽2.7、勺头直径2厘米
Total Length 19.2cm, Spoon Head Width 2.7cm,
Diameter 2cm

征集
巴尔虎博物馆藏

　　蒙医用具。银质。勺柄后端较宽，上面錾
刻葫芦纹，以鱼子纹作为衬底。

阿巴盖敖吉
Abagai Aoji (Sleeveless Jacket for Married Woman)

衣长119、肩宽30、胸宽49、下摆宽90厘米
Clothes Length 119cm, Shoulder Width 30cm,
Chest Width 49cm, Hem Width 90cm

杭乌拉苏木征集
巴尔虎博物馆藏

　　巴尔虎蒙古族已婚女性服饰。圆领，对襟。领口、袖口锁边，后面长开气。衣襟沿与衣身同色，前身共有7个盘扣，后背两侧对称分布8个扣眼。坎肩主体为红色，下摆为蓝色。襟两侧及肩腰处均为红白相间布条，其上饰太极图案。袍上有吉祥纹暗花。整体磨损严重，底边有后加工的痕迹。

巴尔虎蒙古部落服饰是巴尔虎蒙古部落文化的重要组成部分。巴尔虎蒙古部落地处呼伦贝尔草原，其服饰保留了较多的传统蒙古族服饰的特色，在此基础上吸收了汉族、满族等其他民族的服饰文化元素，最终形成了独具特色的巴尔虎蒙古部落服饰。服饰材料包括布料、库锦、绸缎、棉布、绒布、羊皮、旱獭皮等。主要色彩包括白、蓝、绿、红、橙等，这是因为巴尔虎蒙古人有崇尚大自然的传统，同时与其信仰有关。

蒙古袍，蒙古语称作"德勒"。"苏门德勒"是巴尔虎蒙古人日常生活中较常见的服饰，为立领、大襟、马蹄袖的宽松长袍，领口、衣襟、袖口有一道至三道镶边。苏门德勒的领口、前襟、腋下和胯部都缝有扣襻，扣襻的数量随着镶边的道数而变化。

呼伦贝尔草原地处温带北部，为大陆性气候，冬季严寒，即使在春秋季节，昼夜温差也非常明显。"旗绸德勒"是巴尔虎蒙古人特有的服饰，是一种夹棉的长袍。旗绸是一种纯色的光滑面料，多以暗色为主。旗绸德勒多为手工制作，在其表面缝出一条条等宽的绗线，蒙古语称"哈巴素"。老年人或男性的服装使用"乌日根哈巴素"（宽绗法），年轻男子和青年妇女多使用"尼日罕哈巴素"（窄绗法）。

为了抵御寒冷，冬季巴尔虎蒙古人喜穿各种皮袍。其中"翁格查干德勒"是熏皮袍，选用皮板柔软、毛孔细小的绵羊皮制成；"阿日损德勒"是羔羊皮吊面皮袍，用轻便暖和的羔羊皮制成；"达哈"则是套在翁格查干德勒、阿日损德勒外的一种翻毛光板大衣，用大山羊皮制成。达哈宽大厚实，一般附有帽子，有系带和扣子。

巴尔虎蒙古部落男子和未婚女子都系腰带，称为"布赤"。男子多将"布赤"系在胯上，未婚女子则系在腰上。腰带的材质主要为丝绸，颜色以黄、红、蓝、赭色为主，一般绕腰三圈以上。系腰带时，前襟里可以放些食物和日用品，或是在腰带上挂鞭子、蒙古刀等日用品和装饰品。

巴尔虎蒙古人佩戴的帽子包括圆顶立檐帽、罕坦帽、风雪帽等。其中圆顶立檐帽有的前高后低，有的前后同高，顶部有红色的算盘结装饰，常垂有两条飘带，里衬毡布；风雪帽顶有装饰的云纹图案，代表吉祥如意；罕坦帽则整体呈圆形，分六个面，用库锦缝边。此外，巴尔虎蒙古部落女子还非常喜爱佩戴头巾，尤其是白色头巾。

巴尔虎蒙古人靴子的造型种类丰富，有尖头靴、香牛皮翘尖靴、苏格勒靴、毡靴，还有山羊皮靴套和靴底帮连在一起的苏海靴等。其中，独具特色的香牛皮翘尖靴一般以牛皮千层纳底，鞋帮用香牛皮制作，补缀彩皮形成云纹图案或盘长纹图案，有三条并列接缝条，靴尖翘起，是骑马最理想的靴子。

在巴尔虎蒙古部落的服饰艺术中，妇女服饰占有非常重要的地位。巴尔虎蒙古部落妇女的服饰分为未婚女子服饰和已婚妇女服饰。未婚女子喜欢用色彩鲜艳的绿色、红色、紫色、蓝色等绸缎做袍服，在领口、右衽门襟、袖口、袍服下摆处，以精美的镶边做装饰。腰间系扎用鲜艳丝绸制作的长腰带。腰带讲究与蒙古袍色彩搭配和谐，同时为了显示婀娜的身姿，扎腰带时要将袍服向下拉展，使袍服呈上紧下松的造型，以衬托姑娘娇美婀娜的身姿。

巴尔虎蒙古部落已婚妇女的服饰包括"阿巴盖德勒"（长袍）和"阿巴盖敖吉"（坎肩）。阿巴盖德勒由十三个部分组成，包括领子、内襟、前襟、后背、前腰节装饰带、前摆、前内摆、两个灯笼式袖箍、两个马蹄袖口、两个下接袖。阿巴盖敖吉是穿在阿巴盖德勒外面的坎肩，也叫巴尔虎敖吉，由七个部分组成，即左右前襟、后背、两个下摆、左右两腰带。

巴尔虎蒙古部落新郎、新娘的衣着也非常有特色。新娘身穿阿巴盖德勒和阿巴盖敖吉，并佩戴银质的盘羊角婚礼头饰——"哈布其格·塔突戊日"。头饰由三部分组成。最上部为新巴尔虎已婚妇女戴的八折平顶立檐帽，缎面制成，平圆顶，帽顶下缝有一块圆形布饰，黑色帽檐上翻。帽下为簪花的"塔突戊日"（银额箍），呈环状套于额部，额前常装饰有一串红珊瑚珠饰。塔突戊日两侧有一对从耳部垂至肩部以下的"哈布其格"（发夹），盘羊角形，银质，由额箍两侧向外延伸，用布带连接固定，背面从头发中间分发后，用发卡固定。哈布其格宽而且分节，每个小节呈长条状，有五对、七对、九对三种形制，小节上面镶嵌红珊瑚和绿松石，并且錾刻图案，底部两节最大，呈"凸"字形，其下部还延伸出一截长方形银饰，连接两条麻花辫。麻花辫尾端有银穗，穗尾有圆形银饰和鱼饰。

巴尔虎蒙古部落服饰独具特色，有着深厚的文化底蕴，在服饰多元化的今天，依然散发着迷人的光彩。

戴白头巾的巴尔虎青年（王苹绘）
A Barag Youth Wearing a White Headcloth (Painted by Wang Ping)

巴尔虎部落新婚男女服饰（王苹绘）
Barag Wedding Dresses（Painted by Wang Ping）

骑马的巴尔虎青年（苏德夫摄）
A Barag Youth on Horseback (photographed by Sodhuu)

穿着棉袍的巴尔虎牧民（苏德夫摄）
A Barag Herdsman in a Cotton Robe (photographed by Sodhuu)

巴尔虎姑娘（吴玉明摄）
A Barag Girl (photographed by Wu Yuming)

祭祀圣山的巴尔虎少女（苏德夫摄）
A Barag Girl Praying on the Holy Mountain (photographed by Sodhuu)

巴尔虎青年（苏德夫摄）
A Barag Youth (photographed by Sodhuu)

穿着蒙古袍的小伙（吴玉明摄）
A Man in a Mongolian Robe (photographed by Wu Yuming)

巴尔虎儿童（苏德夫摄）
A Barag Child (photographed by Sodhuu)

母与子（苏德夫摄）
Mother and son (photographed by Sodhuu)

巴尔虎民族服饰（吴玉明摄）
Barag Costumes (photographed by Wu Yuming)

穿着摔跤服的小男孩（苏德夫摄）
A Little Boy in a Wrestling Suit (photographed by Sodhuu)

牧民（苏德夫摄）
A Herdsman (photographed by Sodhuu)

巴尔虎民族服饰 (苏德 木摄)
Barag Costumes *photographed by Sodnin*

搏克服
Boke Wrestling Suit

衣长49.2、两臂通宽88.8、腰围102厘米
Length 49.2cm, Opening Arms Width
88.8cm, waistline 102cm

征集
巴尔虎博物馆藏

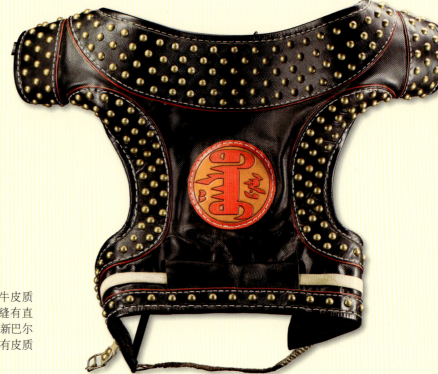

紧身半袖坎肩，无领，短袖。外为牛皮质地，边缘加以宽边，并饰铜泡钉。背部缝有直径16厘米的圆形护心，其上饰有蒙古文"新巴尔虎"。内里用绿色粗面帆布缝制，腰间穿有皮质腰带，便于扎系。

皮靴
Leather Boots

高38.5、鞋长28、靴口宽22厘米
Height 38.5cm, Sole Length 28cm,
Opening Width 22cm

赛汗喇嘛遗物
巴尔虎博物馆藏

鞋尖上翘，厚底，靴筒由下至上渐宽。鞋面、鞋跟装饰花卉纹，靴口下沿饰麻花纹、忍冬纹。

"巴尔虎陶力亚特搏克"是呼伦贝尔地区具有地域、民俗、文化特色的摔跤比赛，是巴尔虎蒙古人喜闻乐见的一种传统体育活动，目前已列入第三批呼伦贝尔市级非物质文化遗产保护代表性项目、第四批自治区级非物质文化遗产保护代表性项目。"搏克"为蒙古语音译，即摔跤，是蒙古族"男儿三艺"之一。13世纪初，元太祖统一蒙古各部，每逢喜庆宴会，都有搏克表演助兴；同时基于全民皆兵的制度，在日常军事训练中也加入了搏克这一项。因此，古时的搏克既有军事目的，又有休闲娱乐的作用。如今的巴尔虎陶力亚特搏克，是巴尔虎蒙古部落那达慕大会上的基础竞技项目，同时也是祭敖包时的重要内容。

　　"陶力亚"是巴尔虎蒙古部落陶力亚特搏克中的重要标志，由古时战士们在胸前佩戴的护具"陶力"（盾）演变而来，指搏克中穿戴的绘有彩色的虎、鹰等凶猛动物的用来保护腿部的牛皮护具。除了起到自我保护的作用外，在搏克比赛中，陶力亚还可被选手用来压稳腿部的重力，制衡上身和腿部的力量，从而更稳健地使用各种摔跤技巧，达到制胜的目的。因此，相较于其他搏克运动，巴尔虎陶力亚特搏克更注重的是摔跤技巧的灵活、凶猛以及腿部力量的运用。搏克通常采取单淘汰法，不限时间，不限选手体重，不限人数（但须保持偶数），站摔，不许抱腿或跪摔，一上场双方互相抓握，若有一方膝盖以上任何部位着地，则视为倒地，并被淘汰出局。参与搏克的选手，通常身着宽筒的纯牛皮靴子、色彩艳丽而宽大的袍裤、带有铜钉的召都格（摔跤坎肩）以及精美的陶力亚（护腿板）。

　　新巴尔虎右旗巴尔虎博物馆藏有多件陶力亚特搏克服。搏克服主要采用香牛皮、鞣牛皮、粗面革布料制作而成，无领、短袖、宽围带，在领口、袖边用香牛皮或粗革层层镶边，用皮筋、丝线、麻筋等密密缝纳，以增加韧性。召都格表面镶嵌银泡钉或铜泡钉，便于抓握，在后心部位还有一面护心镜，上面或刻有神兽或者大型动物，如龙、凤、狮、虎、象、鹿等，或者刻有各种吉祥纹样，或刻有蒙古文篆字、方块蒙古文，内容主要为家族姓氏或部落名称。这些搏克服，为研究、保护陶力亚特搏克这项巴尔虎蒙古部落重要的传统体育运动提供了实物资料。

搏克护腿板
Boke Wrestling Shin Guards

长43.5、宽14~20.8、厚0.4厘米
Length 43.5cm, Width 14~20.8cm, Thickness 0.4cm

克尔伦苏木征集
巴尔虎博物馆藏

　　1对。皮质。又称"陶力亚"，是巴尔虎陶力亚特搏克的重要标志。上宽下窄，顶端为半圆形，向底端渐窄，窄端凹弧。主体底色为黄色，其上绘有雄狮飞跃图案，象征力量。窄端两侧有穿孔，穿孔挂皮绳。摔跤护腿板插在靴筒内，用皮绳套脚以防脱落。

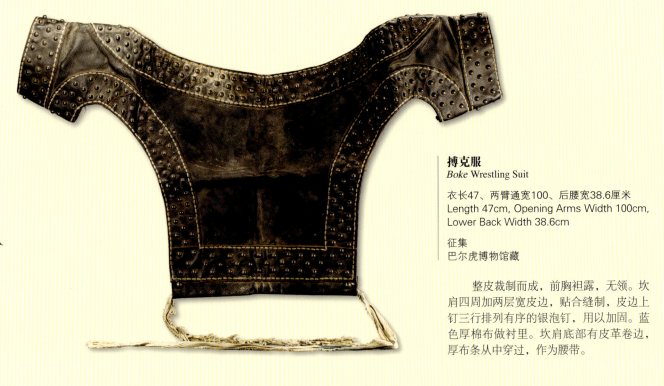

搏克服
Boke Wrestling Suit

衣长47、两臂通宽100、后腰宽38.6厘米
Length 47cm, Opening Arms Width 100cm,
Lower Back Width 38.6cm

征集
巴尔虎博物馆藏

　　整皮裁制而成，前胸袒露，无领。坎肩四周加两层宽皮边，贴合缝制，皮边上钉三行排列有序的银泡钉，用以加固。蓝色厚棉布做衬里。坎肩底部有皮革卷边，厚布条从中穿过，作为腰带。

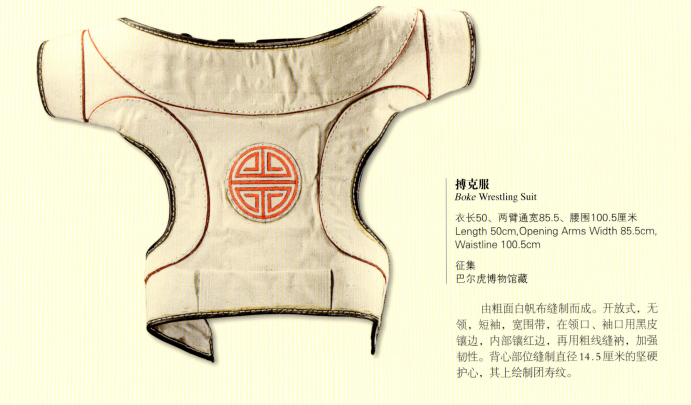

搏克服
Boke Wrestling Suit

衣长50、两臂通宽85.5、腰围100.5厘米
Length 50cm, Opening Arms Width 85.5cm,
Waistline 100.5cm

征集
巴尔虎博物馆藏

　　由粗面白帆布缝制而成。开放式，无领，短袖，宽围带，在领口、袖口用黑皮镶边，内部镶红边，再用粗线缝衲，加强韧性。背心部位缝制直径14.5厘米的坚硬护心，其上绘制团寿纹。

摔跤比赛（苏德夫摄）
Wrestling Matches (photographed by Sodnim)

搏克服（哈达摄）
Boke Wrestling Suits (photographed by Ha Da)

蒙古象棋
Mongolian Chess

棋盘长46.3、宽47、高3厘米，
棋子长3.5～5.4、宽1.5～3.8、高2.8～8.3厘米
Chessboard: Length 46.3cm, Width 47cm, Height 3cm
Pieces: Length 3.5~5.4cm, Width 1.5~3.8cm, Height 2.8~8.3cm

征集
巴尔虎博物馆藏

木质。包括棋盘1个、棋子32枚。棋盘呈正方形，由黑白交替的64个小方格组成。棋盘折叠起来可做棋盒，棋盒上有铁丝把手。棋子分为两种颜色，其中绿色棋子16枚，包括9头狮子、2匹马、2匹骆驼、2辆车、1将军（诺颜）；黄色棋子16枚，包括9只老虎、2匹马、2匹骆驼、2辆车、1将军（诺颜）。两枚将军棋子的底部均刻有蒙古文。

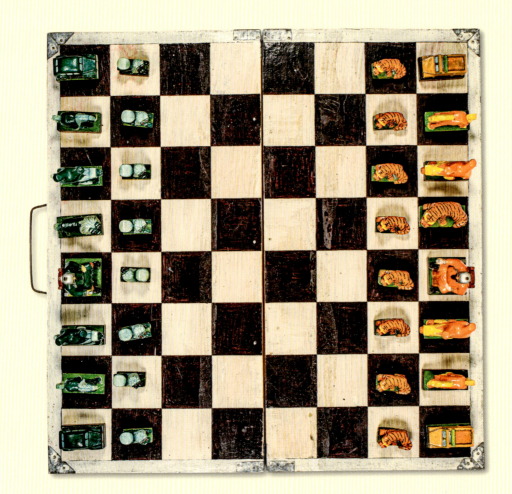

蒙古语称蒙古象棋为"沙塔拉"或"喜塔尔"，它与国际象棋同出一源，二者有相似之处，但又不尽相同。

蒙古象棋的棋盘与国际象棋一样，都是由颜色一深一浅、交替排列的64个小方格组成。蒙古象棋的一些走法与国际象棋相似，例如起始和摆法相同，但是具体规则不同。对弈时白棋先走，之后双方轮流各走一步。棋子也分为两种颜色，双方各有一王、一帅、双车、双象、双马和8个小兵，不同之处是蒙古象棋把棋子换成骆驼、狮子等动物，国王换成了诺颜，具有鲜明的草原特色。

巴尔虎人在玩蒙古象棋（苏德夫摄）
Barag Men Playing Mongolian Chess (photographed by Sodhuu)

蒙古象棋
Mongolian Chess

棋盘长30、宽29.5、高1.6厘米，棋子长2.4～2.5、宽
0.8～2.4、高2～3.9厘米
Chessboard: Length 30cm, Width 29.5cm, Height 1.6cm
Pieces: Length 2.4~2.5cm, Width 0.8~2.4cm, Height
2~3.9cm

阿拉坦额莫勒镇征集
巴尔虎博物馆藏

　　铜质。包括1个棋盘和31枚棋子，1枚棋子缺失。
棋盘间隔粘贴粉色贴纸，形成了8×8格的64个小方
格组成的正方形，与国际象棋的棋盘相同。棋子也分
为两方，其中一方有1尊戴帽佛、1头狮子、2头骆驼、
2匹马、2个蒙古包和8匹马；另一方有1尊佛像、1头
象、2头骆驼、2匹马、2辆车和7头骆驼（缺失1头骆
驼）。棋盘可折叠，可做棋盒。该象棋中"帅"的形象
为佛，具有典型的喀尔喀蒙古族风格。

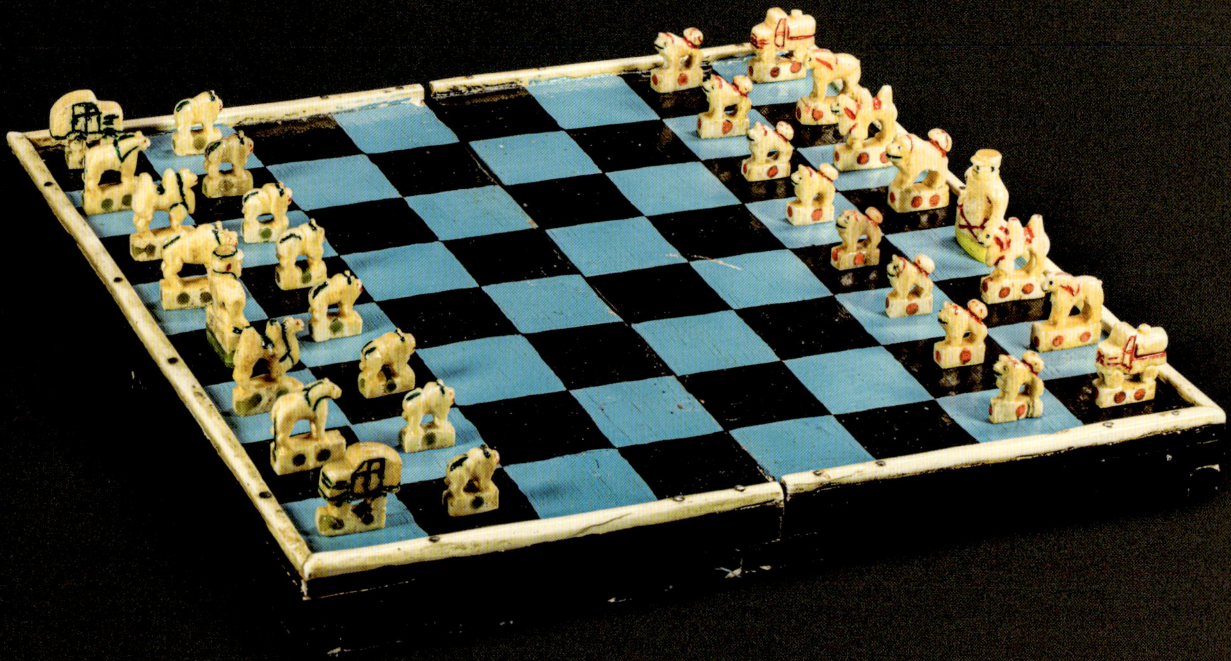

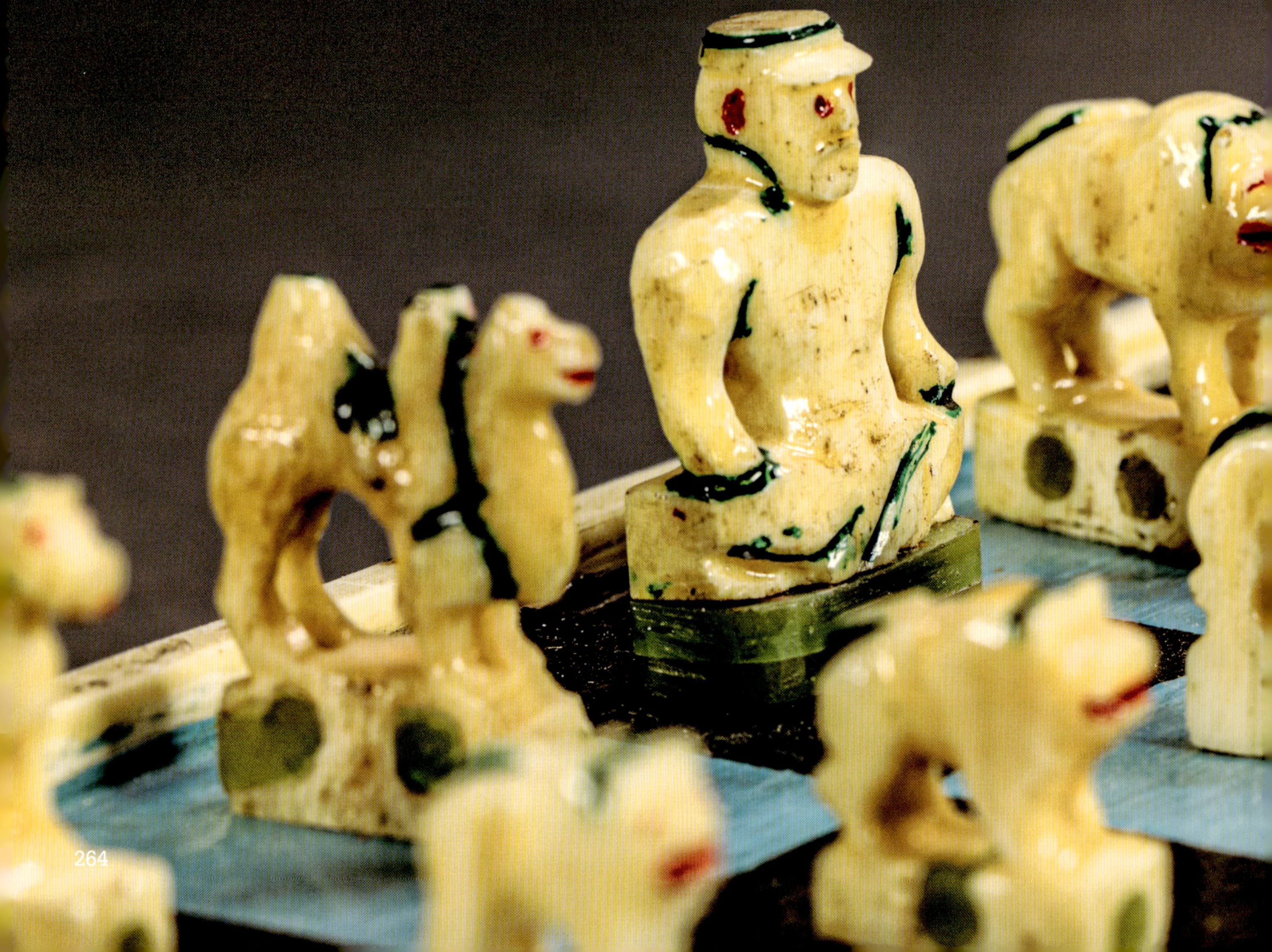

蒙古象棋
Mongolian Chess

棋盘长33.5、宽33厘米，棋子高3.3厘米
Chessboard: Length 33.5cm, Width 33cm
Piece: Height 3.3cm

阿拉坦额莫勒镇征集
巴尔虎博物馆藏

　　由棋盘和棋子两部分组成。棋子为骆驼骨质，共32枚。棋盘木质，上绘蓝黑方格，骆驼骨镶边，可折叠作棋盒用。

蒙古象棋
Mongolian Chess

棋盘长42、宽36厘米，棋子高2.3～5.1厘米
Chessboard: Length 42cm, Width 36cm
Piece: Height 2.3～5.1cm

宝东苏木征集
巴尔虎博物馆藏

　　由棋盘和棋子两部分组成。棋盘用毛线编织而成，上有红白相间的网格，四周有绳扣，可将其收紧，形成棋袋。棋子用羊骨制成，共32枚，其中一方的前排8枚棋子的头部圆弧，另一方的前排8枚棋子的头部有尖棱。

蒙古象棋
Mongolian Chess

棋盘长51.5厘米，棋子长2.8～4.4、
宽1.4～2.8、高2.8～6厘米
Chessboard: Length 51.5cm
Piece: Height 2.8~4.4cm, Width
1.4~2.8cm, Height 2.8~6cm

杭乌拉苏木萨如拉嘎查征集
巴尔虎博物馆藏

　　木质。由1个棋盘和32枚棋子组成。棋子
器身为橙黄色，底座为绿色，形象包括人、马
车、骆驼、马、狗、猪等。棋盘的盘面绘有绿
棕相间的方格，可以折叠，当作棋盒使用。

棋牌
Chess Cards

均长4.6、均宽3.2厘米
Average Length 4.6cm, Width 3.2cm

达赛苏木布尔敦嘎查征集
巴尔虎博物馆藏

　　木质。棋牌原本一套60件，有缺失。方形，牌面均刻有纹饰。其中神兽图案棋牌有3张，包括青龙、朱雀、白虎各一张。其余的牌为4张一组，共有8组，其中盘长纹图案的一组，方胜纹图案的一组，马、狗、象、宝螺、宝幢、宝瓶图案的各一组。

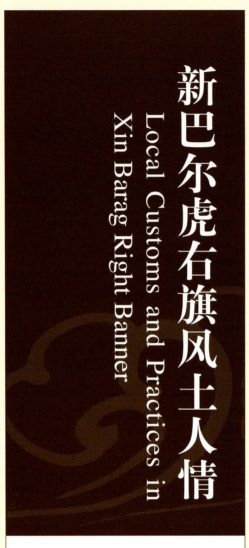

新巴尔虎右旗风土人情

Local Customs and Practices in Xin Barag Right Banner

新巴尔虎右旗位于呼伦贝尔市西南部，总面积25194万平方公里。全旗总人口35000多人，其中蒙古族人口约占总人口的84%。全旗地域辽阔，水草丰美，境内有呼伦湖、贝尔湖。

Xin Barag Right Banner is located in the southwest of Hulunbuir City covering 25.194 thousand square kilometers. More than 35,000 people live there and Mongols account for 84%. The Banner is vast and beautiful with lush grasses and plentiful water resources, including the Hulun Lake and the Buir Lake.

冬日里的克鲁伦河（苏德夫摄）
The Kherlen River in Winter (photographed by Sodhuu)

黄羊群（吴玉明摄）
A Flock of Mongolian Gazelles (photographed by Wu Yuming)

黄羊（吴玉明摄）
A Mongolian Gazelle (photographed by Wu Yuming)

草原狐（吴玉明摄）
A Swift Fox (photographed by Wu Yuming)

黑脸琵鹭（吴玉明摄）
Black-faced Spoonbills (photographed by Wu Yuming)

雪鸮（吴玉明摄）
A Snowy Owl (photographed by Wu Yuming)

天鹅（吴玉明摄）
Swans (photographed by Wu Yuming)

老鹰和鹰雏（吴玉明摄）
An Eagle and Eaglets (photographed by Wu Yuming)

冬日里的羊群（苏德夫摄）
A Flock of Sheep in Winter (photographed by Sodnun)

牧歌（苏米亚摄）
Pastoral (photographed by Sumiya)

勒勒车和狗（苏德夫摄）
Mongolian *Lele* Carts and a Dog (photographed by Sodnun)

蒙古马（苏德夫摄）
Mongolian Horses (photographed by Sodnun)

冬日暖阳（苏德夫摄）
Warm Sunshine in Winter (photographed by Sodhuu)

晚霞（苏德夫摄）
Sunset Glow (photographed by Sodhuu)

蒙古马（苏德夫摄）
A Mongolian Horse (photographed by Sodhuu)

附 录 APPENDICES

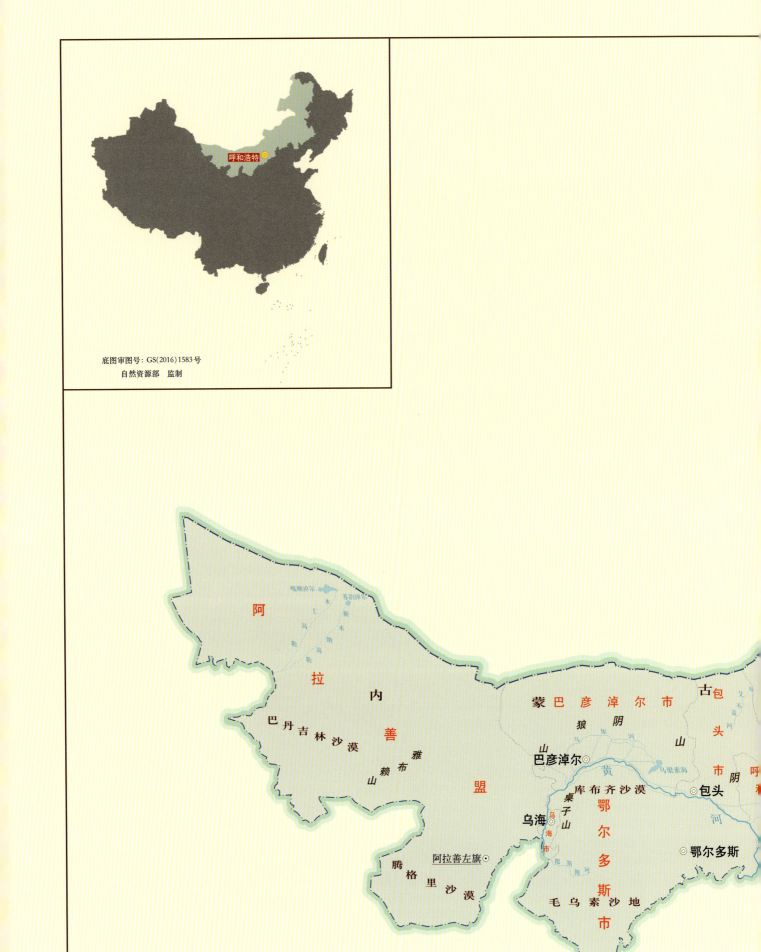

底图审图号: GS(2016)1583号
自然资源部 监制

呼和浩特

阿
拉
内
善
盟

巴丹吉林沙漠

雅布
赖布
山

嘎顺淖尔 苏泊淖尔
木仁高勒 额木纳高勒

蒙
巴彦淖尔市

狼
山

阴

巴彦淖尔

黄河

乌梁素海

库布齐沙漠

桌子山

乌海
乌海市

阿拉善左旗

腾
格
里
沙
漠

鄂
尔
多
斯
市

毛乌素沙地

古
包
头
市

山

阴

呼和

包头

河

鄂尔多斯

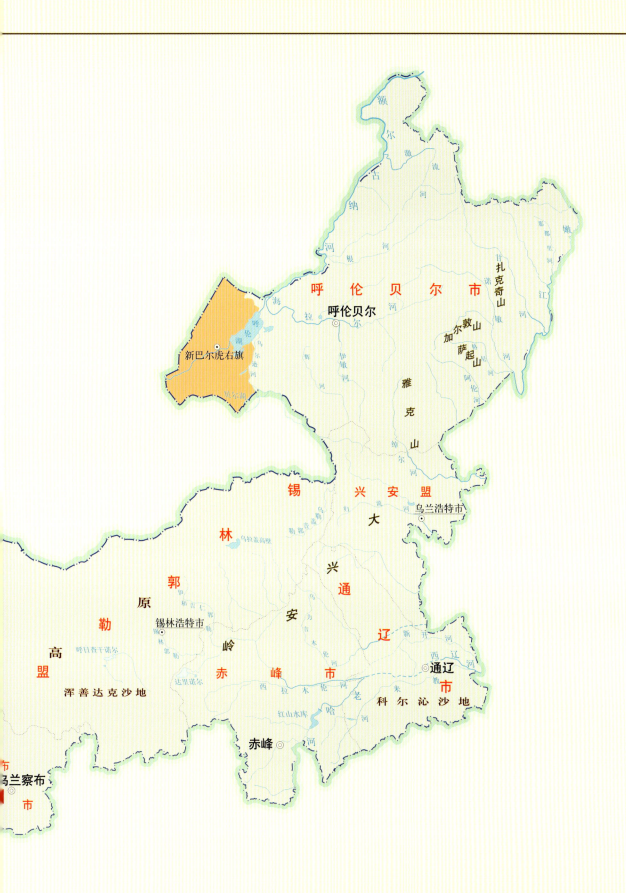

额尔古纳河

扎克奇山

呼伦贝尔市

呼伦贝尔 ◎

甘

加尔敦山
萨格起山
阿伦河

雅克山

绰尔河

新巴尔虎右旗

呼伦湖
乌尔逊河
贝尔湖

海拉尔河
伊敏河

辉河

锡

林

郭

勒

高

盟

浑善达克沙地

原

呼日查干诺尔

锡林浩特市 ◎

乌拉盖高原

乌拉盖

达里诺尔

大

兴

安

岭

赤

峰

市

兴安盟

乌兰浩特市 ◎

通

辽

市

西辽河

通辽 ◎

新开河

西拉木伦河

老哈河

科尔沁沙地

红山水库

赤峰 ◎

乌兰察布
市

内蒙古自治区新巴尔虎右旗位置示意图

LOCATION OF XIN BARAG RIGHT BANNER IN INNER
MONGOLIA AUTONOMOUS REGION

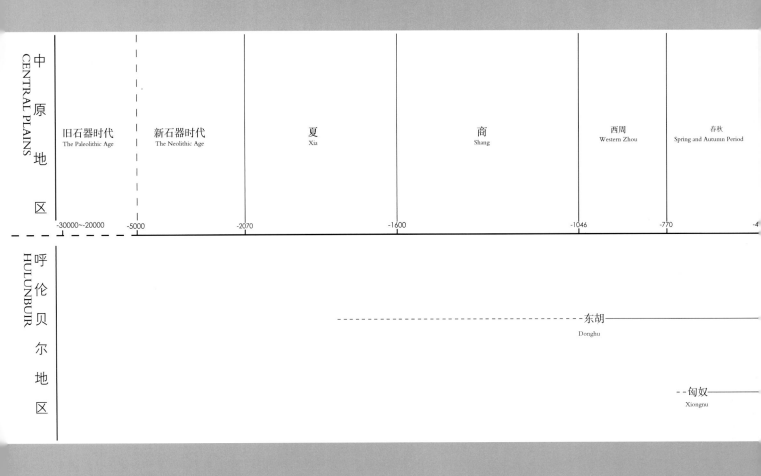

中原地区
CENTRAL PLAINS

旧石器时代
The Paleolithic Age

新石器时代
The Neolithic Age

夏
Xia

商
Shang

西周
Western Zhou

春秋
Spring and Autumn Period

-30000~-20000   -5000   -2070   -1600   -1046   -770   -4

呼伦贝尔地区
HULUNBUIR

东胡
Donghu

匈奴
Xiongnu

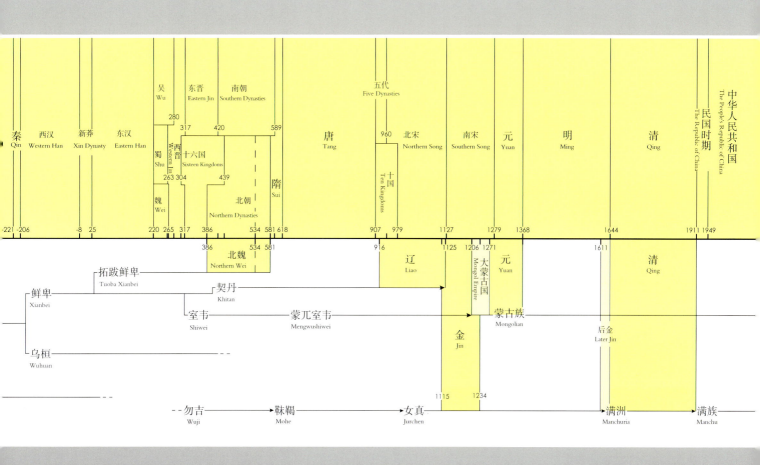

秦 Qin
西汉 Western Han
新莽 Xin Dynasty
东汉 Eastern Han
魏 Wei
蜀 Shu
吴 Wu
西晋 Western Jin
十六国 Sixteen Kingdoms
东晋 Eastern Jin
南朝 Southern Dynasties
北朝 Northern Dynasties
隋 Sui
唐 Tang
五代 Five Dynasties
十国 Ten Kingdoms
北宋 Northern Song
南宋 Southern Song
元 Yuan
明 Ming
清 Qing
民国时期 The Republic of China
中华人民共和国 The People's Republic of China

-221 -206
-8 25
220 265 317
280
317
420
263 304
439
386
534 581 618
589
907 979
960
916
1125
1127
1206 1271
1279
1368
1644
1911 1949

386
北魏 Northern Wei
534 581
辽 Liao
大蒙古国 Mongol Empire
元 Yuan
清 Qing
拓跋鲜卑 Tuoba Xianbei
契丹 Khitan
鲜卑 Xianbei
室韦 Shiwei
蒙兀室韦 Mengwushiwei
蒙古族 Mongolian
乌桓 Wuhuan
金 Jin
后金 Later Jin
1611
1115
1234
勿吉 Wuji
靺鞨 Mohe
女真 Jurchen
满洲 Manchuria
满族 Manchu

中国历史年代简表
BRIEF CHRONOLOGY OF CHINESE HISTORY

后 记
POSTSCRIPT

2012年8月，经中央常委批示，"蒙古族源与元朝帝陵综合研究"作为国家社会科学基金重大委托项目正式立项，为期10年。中国社会科学院科研局作为项目责任单位，中国社会科学院考古研究所、内蒙古自治区文物局、内蒙古呼伦贝尔市人民政府作为项目实施单位。项目实行首席专家负责制，中国考古学会理事长、中国社会科学院学部委员、历史学部主任、考古研究所原所长王巍研究员，内蒙古蒙古族源博物馆原馆长、呼伦贝尔民族历史文化研究院院长孟松林先生共同担任项目首席专家。根据项目总体要求，在实施过程中坚持以考古学为主导，将呼伦贝尔地区作为工作的重点区域，通过开展系统的田野考古调查和发掘工作，获取与蒙古族源相关的第一手的考古实证资料，由此深入开展多学科综合研究，力争取得具有国际影响力的蒙古族源研究新成果，为维护国家统一、民族团结与文化安全服务。

2013年4月13日，项目首席专家办公会在京召开，决定编辑、出版《呼伦贝尔民族文物考古大系》，拟出版10卷。通过系统整理、研究呼伦贝尔市各旗、县、区馆藏文物，包括史前时期文物、历史时期文物、近现代及当代民族文物，选择具有时代特征和民族风格的各类文物标本进行拍摄，撰写文字说明，依时代早晚顺序编排文物图片。就馆藏文物的选编而言，注重表现以下三个方面：一是文物整体与局部的关系；二是同类文物的共性与差异及所反映出的时代演进特征；三是不同类别文物的组合关系，还应包括工艺技术水平、使用功能、地域特征、与中原及周邻地区文化交流关系等。同时，根据全国第三次文物普查资料，选择典型遗址进行外景拍摄，按时代顺序进行编排，充分展示呼伦贝尔地区古代遗存的保存状况及分布规律。书中刊发的图片和文字材料均属原创，在深入研究的基础上对编排体例进行了创新，极大提高了本卷的研究利用价值。作为全国首部地市级的民族文物考古大系，对于全方位展示呼伦贝尔地区森林、草原民族独具特色的历史文化遗珍、印证呼伦贝尔作为"游牧民族的历史摇篮"和"中国历史上的一个幽静的后院"的历史地位具有独特的价值。本卷的编辑、出版，对蒙古族源的深入探索将发挥重要的奠基作用。书中的序言和概述部分、遗址和文物的名称均为中、英文对照，将扩大本卷在国际学术界的影响力。

《呼伦贝尔民族文物考古大系》的策划、编写和出版工作是在王巍先生、孟松林先生两位首席专家的直接领导下完成的。文物出版社张自成社长、张广然总编辑对于本卷的出版工作高度重视、全力支持，选派社内骨干团队承担本卷的文物摄影及编辑出版任务。2014～2019年，《呼伦贝尔民族文物考古大系》陈巴尔虎旗卷、鄂伦春自治旗卷、扎赉诺尔区卷、新巴尔虎左旗卷、海拉尔区卷以及额尔古纳市卷陆续由文物出版社正式出版，因其资料丰富、条理清晰、印制精良，受到学术界的关注和好评，成为国家社会科学基金重大委托项目"蒙古族源与元朝帝陵综合研究"实施以来取得的重要基础性研究成果，人民日报、新华社、光明日报、中国新闻社、中国社会科学报、中国文物报、中国考古网等媒体均刊文报道。2018年8月，《呼伦贝尔民族文物考古大系》新巴尔虎右旗卷的编写工作正式启动，项目办召开会议，统一部署，组织工作组成员赴呼伦贝尔市新巴尔虎右旗开展馆藏文物拍摄和撰写遗址、文物说明等工作。后因疫情原因，本卷编写和出版工作暂缓。2021年7月，项目办重新启动新巴尔虎右旗卷的编写和出版工作。工作组成员有来自中国社会科学院大学历史学院、北京大学考古文博学院、内蒙古大学历史与旅游文化学院、内蒙古师范大学历史文化学院、辽宁师范大学历史文化旅游学院、赤峰学院历史文化学院的在读硕士和博士研究生，中国社会科学院考古研究所博士后，中国社会科学院考古研究所内蒙古第一工作队技师，呼伦贝尔博物院（原呼伦贝尔民族博物院）及巴尔虎博物馆的相关专业人员。

项目北京办公室主任、中国社会科学院考古研究所科研处处长刘国祥研究员先后多次主持召开线下、线上会议，认真总结以往工作经验，在前六卷出版工作的基础上，进一步完善本卷的工作程序和编写体例。本卷初稿完成后，组织专家研讨，严格把关，逐页审校。项目呼伦贝尔办公室主任、呼伦贝尔博物院原院长白劲松研究馆员负责总体协调工作组在呼伦贝尔期间的日常安排，确保馆藏文物和遗址拍摄工作如期安全完成。北京大学考古文博学院院长沈睿文教授、文物出版社艺术图书中心原副主任李飏编审曾到巴尔虎博物馆现场指导工作。本卷馆藏文物的拍摄工作由文物出版社文物摄影师宋朝、张冰完成，遗址外景拍摄工作由呼伦贝尔博物院哈达研究馆员、呼德尔馆员以及巴尔虎博物馆副馆长田风东馆员完成。新巴尔虎右旗位置图绘制工作由中国社会科学院考古研究所刘方副研究馆员完成，古遗址分布图绘制工作由中央民族大学历史文化学院黄义军教授完成。中国社会科学院考古研究所文化遗产保护研究中心王苹女士绘制了巴尔虎蒙古人的婚礼盛装以及当地牧民放牧、冬季转场等草原生产和生活场景。新巴尔虎右旗自然风光和风土人情照片由呼伦贝尔博物院哈达研究馆员、中共新巴尔虎右旗委员会宣传部副部长苏德夫、巴尔虎博物馆馆长吴玉明副研究馆员提供。内蒙古师范大学历史文化学院袁刚助理研究员、辽宁师范大学历史文化旅游学院考古文博系主任徐学琳副教授参加了本卷编校和统稿工作。内蒙古大学历史与旅游文化学院硕士研究生李云鹏、张思琦，辽宁师范大学历史文化旅游学院博士研究生崔红庆、硕士研究生王凯凯，赤峰学院历史文化学院硕士研究生张乾，呼伦贝尔博物院白志强馆员承担了较多具体编校任务和会议组织、联络工作。英文翻译由中国社会科学院考古研究所王珏助理研究员完成，并由美国西雅图华盛顿大学王海城副教授、中国社会科学院考古研究所栗媛秋助理研究员完成审校工作。中国社会科学院考古研究所刘国祥研究员，呼伦贝尔博物院白劲松研究馆员，项目专家组成员、辽宁师范大学研究生院院长徐昭峰教授共同完成全书稿件的审定工作。

作为本卷的责任编辑，文物出版社艺术图书中心郑彤编审付出了大量心血，与本卷工作组成员一起到新巴尔虎右旗实地调研，在巴尔虎博物馆现场观摩文物，指导学生进行文物分类和文字说明撰写，对待工作兢兢业业、一丝不苟、严谨求实，确保了本卷的编辑质量与如期出版，在此表示衷心感谢！中国社会科学院学部委员、考古研究所所长陈星灿研究员，中共中国社会科学院考古研究所委员会书记、副所长张国春编审多次听取项目进展汇报，对本卷的编辑出版给予了大力支持，在此深表谢意！

在本卷即将付梓之际，也向所有关心、支持本卷编写、出版工作的领导、专家学者表示感谢！向长期坚持在呼伦贝尔考古文博一线的旗县博物馆同人表示敬意！向工作组同人付出的所有辛劳表示诚挚的谢意！由于时间紧、任务重、工作难度大，书中疏漏及不当之处敬请学界同人批评指正！

在今后的工作中，我们将始终牢记并认真贯彻落实全国政协原副主席、中国社会科学院原院长、项目总顾问陈奎元同志所提出的"精诚合作，不争利益"的原则，在项目首席专家王巍先生和孟松林先生的领导下，总结经验，开拓创新，强化学术精品意识，将《呼伦贝尔民族文物考古大系》后三卷的工作有序推进，逐一落实。

作为国家社会科学基金重大委托项目，"蒙古族源与元朝帝陵综合研究"项目的实施得到了中共中央宣传部、中国社会科学院、国家文物局、全国哲学社会科学工作办公室、中共内蒙古自治区委员会、内蒙古自治区人民政府、中共呼伦贝尔市委员会、呼伦贝尔市人民政府等相关单位领导的高度重视及大力支持，在此一并致谢！

本卷参编单位新增加了内蒙古师范大学历史文化学院和辽宁师范大学历史文化旅游学院。2021年2月，呼伦贝尔市进行机构改革，内蒙古蒙古族源博物馆与呼伦贝尔民族博物馆合并为呼伦贝尔博物院，为了使本卷封面内容与已出版的前六卷保持一致性、连贯性，对本卷封面参编单位未做修改，特此说明。

《呼伦贝尔民族文物考古大系·新巴尔虎右旗卷》，收录了新巴尔虎右旗境内从史前到清代的具有代表性的珍贵文物，刊发了一批考古调查和发掘的最新成果，同时也收录了一批近现代民族文物，精彩呈现了巴尔虎草原厚重的历史文化底蕴和巴尔虎蒙古人绚丽多姿的民族文化。本卷的出版，对于探寻中国北方民族与蒙古族族源，铸牢中华民族共同体意识具有重要意义。

编者

2022年11月22日

呼伦贝尔大草原（哈达摄）
The Hulunbuir Grassland (photographed by Ha Da)

摄　　影：宋　朝　张　冰

责任印制：张道奇

责任编辑：郑　彤

图书在版编目（CIP）数据

呼伦贝尔民族文物考古大系. 新巴尔虎右旗卷 / 中
国社会科学院考古研究所主编. -- 北京：文物出版社，
2022.12

　　ISBN 978-7-5010-7860-8

　　Ⅰ.①呼… Ⅱ.①中… Ⅲ.①蒙古族—文物—考古—
新巴尔虎右旗—图集 Ⅳ.①K872.264.2

中国版本图书馆CIP数据核字（2022）第205208号

审图号：蒙S（2023）008号

呼伦贝尔民族文物考古大系·新巴尔虎右旗卷

主　　编　中国社会科学院考古研究所

　　　　　中国社会科学院蒙古族源研究中心

　　　　　内蒙古自治区文物局

　　　　　内蒙古蒙古族源博物馆

　　　　　北京大学考古文博学院

　　　　　呼伦贝尔民族博物院

　　　　　内蒙古师范大学历史文化学院

　　　　　辽宁师范大学历史文化旅游学院

出版发行　文物出版社

社　　址　北京市东城区东直门内北小街2号楼

邮　　编　100007

网　　址　http://www.wenwu.com

经　　销　新华书店

制版印刷　天津图文方嘉印刷有限公司

开　　本　889mm×1194mm　1/16

印　　张　18

版　　次　2022年12月第1版

印　　次　2022年12月第1次印刷

书　　号　ISBN 978-7-5010-7860-8

定　　价　380.00元

本书版权独家所有，非经授权，不得复制翻印